원시미술부터 팝아트까지,
미술사를 이해하는 30가지 수업 활동

처음 만나는 미술사 수업

원시미술에서 팝아트까지,
미술사를 이해하는 30가지 수업 활동

처음 만나는 미술사 수업

김민정, 김성규, 조혜원, 한충희

학교
도서관
저널

들어가는 말

좋은 미술 수업이란 무엇일까요?

아무것도 모르던 신규 시절, 일주일에 두 시간의 미술 수업 시간이 저에게는 힐링의 시간이었습니다. 다른 선생님이 열심히 만들어 놓으신 도안 하나를 받아서, 우리 반 학생 수만큼 복사해서 나누어 주고, 영상 하나만 틀어 놓으면 두 시간이 훌쩍 흘러갔으니까요. 미술에 관심이 많았고 취미는 미술관 투어였으며 수많은 미술 관련 서적을 읽으며 공부하면서도 그런 수업을 했다니, 제 과오를 밝히는 것이 참 부끄럽네요.

언젠가 오랜 시간 고대하던 전시회를 다녀온 적이 있습니다. 원화로 보고 싶던 작품들을 직접 눈으로 담고, 도슨트 가이드를 들으며 귀로도 담았죠. 집으로 돌아와서는 도록을 보고 공부하며 한참을 작품 생각만 했습니다. 그리고 아이들에게 작품들이 주는 감동을 전해야겠다는 생각에 열심히 수업 자료를 만들었습니다. 마치 혼을 담듯 정성껏 준비한 감상 수업의 결과는 어땠을까요? 돌아온 건 아이들의 실망스러운 얼굴이었습니다. 미술 시간에 보고 듣기만 하는 수업이라니, 아이들이 기대하던 수업이 아니었던 겁니다.

꾸미기 수업은 재미있고 작품의 완성도도 높지만, 의미 있는 수업으로 이어지기는 쉽지 않습니다. 작품이 그려진 시대 배경과 작가의 의도 등을 잔뜩 담은 지식 전달 위주의 감상 수업 역시, 아이들에게 마음으로 작품을 느끼는 경험을 주기 힘들 겁니다. 반면에 배경지식을 토대로 작품을 직접 감상하고, 자기만의 작품으로 재해석하여 표현 활동을 하는 수업은 아이들에게 재미와 의미 두 가지를 동시에 선사합니다. 아이들을 꼬마 예술가로 만드는 수업이기도 하고요.

체험과 감상과 표현을 동시에!

우리 아이들을 꼬마 예술가로 만들기 위해 이 책에서는 다음과 같은 미술 수업을 제안합니다.

첫째, 예시 작품을 보고 따라 하는 데 그치는 수업이 아니라 스스로 고민해서 창작하는 미술 수업을 지향합니다. 따라 하는 게 아니라 직접 창작하는 수업은 어떻게 가능할까요? 바로 자신이 어떤 작품을 만들지 목적과 계획을 확실하게 정하는 과정에 답이 있습니다. 해당 과정을 세심하게 지도할수록 아이들은 창작 활동에 몰입할 수 있습니다. 이 책에서는 하나의 미술 사조를 소재로 4~6차시에 걸쳐 진행할 수 있는 수업을 순차적으로 안내합니다. 그 안내를 따라 수업한다면 의미 있는 활동부터 완성도 있는 작품까지 하나의 프로젝트로 연결될 수 있을 거예요.

둘째, 챕터마다 새로운 표현 도구와 표현 방법을 소개합니다. 앞서 고백했던 저의 과오가 바로 도안에 의지해서 색연필, 사인펜, 가위, 풀로만 채우는 미술 수업이었습니다. 아이들은 미술 시간에 더 많은 재료와 도구를 경험할 기회가 필요합니다. 이 책은 최대한 많은 장르의 그림을 담고 저마다의 새로운 표현 방법과 활동을 소개합니다. 원시미술 챕터에서 동굴벽화를 직접 만들기 위해 사용하는 찰흙부터, 현대미술 챕터에서 활용하는 컴퓨터까지, 오랜 세월 다양한 미술을 발전시킨 무수히 많은 도구와 그에 따른 쓰임새가 있습니다. 만약 아이들에게 새로운 도구가 주어진다면 또 다른 새로운 생각이 열릴 것입니다.

셋째, 최종적으로 감상, 표현, 체험 세 영역을 하나의 수업에 녹여 냅니다. 이 책은 먼저 작품 감상으로 시작합니다. 그리고 작품 감상은 창작 표현 활동으로 이어집니다. 마지막으로 자신의 작품을 전시하며 실생활에서 미적 체험을 하게 됩니다. 이 일련의 과정이 자연스럽게 이어지고 생활에 스며들어, 아이들이 일상에서 느낀 예술을 어떤 방식으로든 표현하는 미적 행위에 주저하지 않게 되는 것, 바로 이 책의 최종 목표입니다.

예술을 느끼고 표현하는 마음을 기르는 여정

이 책은 미술사가 발전한 순서대로 총 10개의 미술 사조를 담았습니다. 각 챕터는 미술 사조를 소개하고 해당하는 화가와 작품을 짤막하게 설명하며 시작합니다. 짧고 간단한 내용이지만 이 책에서 소개하는 내용들을 따라가다 보면 미술에 관심이 없거나 미술을 멀게 느끼셨던 분들도 쉽고 재미있게 이해할 수 있을 거예요. 이어서는 그 작품들이 가진 의미와 가치를 담은 총 30가지의 활동을 소개합니다. 아이들을 수월하게 지도할 수 있도록 상세한 내용을 담았으니 학교에서든 가정에서든 어디서나 활용할 수 있습니다.

미술사학자 곰브리치의 『서양미술사』 서론은 이렇게 마칩니다.

"참신한 눈으로 그림을 보고 그 그림 속에서 새로운 발견의 항해를 감행한다는 것은 어려운 일이지만 값진 일이다. 우리가 그런 여행에서 무엇을 얻고 돌아올지는 아무도 예견할 수 없다."

아이들이 이렇게 값진 경험을 하려면 보고 듣고 따라만 하는 것이 아니라 자신의 생각과 느낌을 직접 표현해야 합니다. 여기서 소개하는 활동만 따라 오신다면 학교 선생님과 학부모님 모두 어렵지 않게 아이들과 미술 공부를 할 수 있을 거예요. 감상부터 표현까지 한데 모은 30가지 활동이 여러분의 미술 수업에 조금이나마 도움이 되길 진심으로 바랍니다.

새로운 미술 수업을 꿈꾸며

저자 대표 김민정

차례

들어가는 말　04

1장　**선사 시대:**　　　　　　　　　　　　　　　　　10
　　　사람들은 옛날부터 그림을 그렸다!
　　　- 활동 01　동굴벽화 감상하기
　　　- 활동 02　소원 생각해 보기
　　　- 활동 03　소원벽화 그리기

2장　**고대 이집트와 그리스:**　　　　　　　　　　　　22
　　　고대 화가들을 '화가'라고 할 수 있을까?
　　　- 활동 04　고대 이집트 미술 이해하기
　　　- 활동 05　설명 듣고 〈네바문의 정원〉 그려 보기
　　　- 활동 06　고대 그리스 미술 이해하기
　　　- 활동 07　비율과 동세를 살려 철사 인형 만들기

3장　**르네상스:**　　　　　　　　　　　　　　　　　39
　　　위대한 발견, 위대한 예술가를 낳다
　　　- 활동 08　원근법 이해하기
　　　- 활동 09　원근법이 살아 있는 내 방 꾸미기
　　　- 활동 10　르네상스 패러디

4장　**사실주의:**　　　　　　　　　　　　　　　　　58
　　　내가 원하는 것은 하나, 바로 진실!
　　　- 활동 11　사실주의 기법 이해하기
　　　- 활동 12　온라인 사실주의 미술관

5장　**인상주의:**　　　　　　　　　　　　　　　　　68
　　　머리가 아닌 눈으로 그리다
　　　- 활동 13　색으로 말해요
　　　- 활동 14　색을 보아요
　　　- 활동 15　노을 모자이크

| 6장 | 후기 인상주의:
인상주의에서 벗어나 각자의 길을 걷다 | 81 |

- 활동 16 내 감정의 색은?
- 활동 17 나만의 의자 만들기
- 활동 18 임파스토 토스트 만들기

| 7장 | 야수파와 입체파:
마티스처럼 강렬하게, 피카소처럼 기발하게 | 101 |

- 활동 19 색종이 콜라주 작품 만들기
- 활동 20 도형으로 보아요
- 활동 21 입체를 평면으로 펼쳐요

| 8장 | 추상주의:
무엇인지 몰라도 아름다운 | 124 |

- 활동 22 그림, 음악을 만나다(1): 그림을 음악으로
- 활동 23 그림, 음악을 만나다(2): 음악을 그림으로
- 활동 24 음악으로 그림 그리기

| 9장 | 초현실주의:
꿈과 무의식을 표현하다 | 137 |

- 활동 25 초현실주의 기법으로 그리기
- 활동 26 데페이즈망 이해하기
- 활동 27 데페이즈망 작품 만들기
- 활동 28 나만의 기호와 상징으로 표현하기

| 10장 | 팝아트:
무엇이 예술일까? | 157 |

- 활동 29 스텐실로 찍어 내기
- 활동 30 파워포인트로 팝아트 작품 만들기

나가는 말 170

부록 175

1장 선사 시대: 사람들은 옛날부터 그림을 그렸다!

● 작품 감상

스페인 알타미라 동굴벽화 중 일부, 기원전 15,000~10,000년경

인류는 언제부터 그림을 그렸을까요? 현재 발견된 세계에서 가장 오래된 그림은 약 4만 5,000년 전에 그려진 것으로 추정되고 있어요. 인류가 처음 그렸던 그림은 굉장히 원시적이고 미개할 것이라는 생각이 들지만, 사진을 보면 원시인류가 지녔던 기술과 솜씨에 놀랄 거예요. 앞선 그림은 스페인의 알타미라 동굴에 그려진 벽화입니다. 1879년 사우투올라라는 고고학자가 딸과 함께 동굴을 탐사하다가 우연히 발견했는데 당시 학계에서는 너무나도 현실감 있게 그려진 이 벽화가 선사 시대에 그려졌다고 믿지 않았습니다. 이후 조사 결과, 구석기 시대에 그려진 그림으로 밝혀져서 현재는 세계문화유산으로 지정되었습니다. 알타미라 동굴 이외에도 프랑스의 라스코 동굴, 그보다 더 오래된 쇼베 동굴, 인도네시아 술라웨시섬의 동굴에서도 벽화를 발견할 수 있습니다. 아주 오래전부터 인류는 어디에서나 보편적으로 그림을 그려 왔던 것이죠. 그렇다면 원시인류는 그림을 '왜' 그렸을까요? 짐승을 사냥하는 자신들의 모습을 기록하기 위해서였을까요? 아니면 동굴 벽을 그림으로 장식하고 싶어서였을까요?

'무엇'을 '어디'에 그렸는지 보면 답을 알 수 있습니다. 먼저 선사 시대 벽화는 모두 '이것'이 그려져 있습니다. 바로 들소, 멧돼지 같은 여러 사람이 나눠 먹을 수 있는 동물입니다. 또 그림들은 동굴 깊숙한 곳에 그려졌는데요, 특히 이전에 그려진 그림 위에 덧그린 흔적도 발견되었다고 합니다. 만약 사냥하는 모습을 기록하려고 했다면 왜 들소나 멧돼지 같은 큰 동물만 그렸을까요? 그들이 주로 잡은 것이 과연 그렇게 큰 동물이었을까요? 아마 들소나 멧돼지는 어쩌다가 운이 좋아야만 잡는 동물이었을 겁니다. 평소에는 채집을 하거나 토끼나 꿩 같은 작은 동물들을 잡아먹었겠죠. 잡기만 하면 부족의 모든 사람이 배불리 먹을 수 있는 동물을 그렸다는 점은 그림 속 동물을 포획

하고자 바라는 마음이 담겼다는 뜻일 겁니다. 동굴 깊숙한 곳처럼 사람이 쉽게 들어가기 힘든 곳에 그린 점을 보아서는 동굴 벽을 장식하려는 목적도 아니었을 겁니다. 그림들이 어떻게 잘 보일지 고려하지 않고 겹쳐서 그린 점을 봐도 알 수 있죠. 이런 사실들을 보았을 때 인류가 처음 그림을 그린 이유는, 부족을 배불리 먹일 만한 짐승을 잡기 바라는 주술적인 목적이 컸다고 추측할 수 있습니다.

● **주요 구성**

1	동굴벽화 감상하기	• 선사 시대 벽화를 보며 무엇을 그렸는지 파악하기 • 사람들이 그림을 그리기 시작한 이유 추측하기
2	소원 생각해 보기	• 선사 시대 사람들의 마음을 생각하며 나의 소망 시각화하기 • 나의 소망을 담아 벽화로 남길 이미지 만들기
3	소원벽화 그리기	• 찰흙으로 동굴 벽 만들기 • 친구들과 함께 소원벽화 그리기

● **활동 설명**

활동 01 동굴벽화 감상하기

우리 모두 한번쯤 교과서나 노트 한 귀퉁이에 그림을 그리거나 낙서를 해 본 적이 있을 것입니다. 심심할 때나 다른 생각에 빠져 있을 때, 우리는 종종 무의식적으로 다양한 형태의 그림을 그리곤 합니다. 때로는 목적과 의도를 갖고 그리는 경우도 있습니다. 우리가 곧 알게 될 미술사의 다양한 화가들은 자신만의 작품을 만들기 위해 진지하게 고민하고 의도를 담았습니다. 선사 시대의 사람들도 그랬습니다. 선사 시대의 동굴벽화는 놀랍도록 정교하고 거대한데, 벽화 작업에 많은 노력을 기울였다는 걸 알 수 있습니다. 그렇다면 선사 시대 사람들이 동굴벽화를 그린 이유는 무엇일까요? 이 질문을 생각하며 수업을 진행해 본다면 아이들이 벽화에 좀 더 흥미를 가지고 감상할 수 있습니다.

① 선사 시대 벽화를 보며 무엇을 그렸는지 파악하기

스페인 알타미라 벽화, 프랑스 라스코 벽화 등 사진을 보여 주면서 아이들에게 벽화에 무엇이 보이는지 찾아보게 합니다. 벽화를 자세히 관찰해 보면 뿔이 달린 소들, 사슴, 말, 멧돼지 같은 동물들이 그려져 있음을 발견할 수 있습니다. 이 동물들은 붉은색이나 검은색 등 여러 색상으로 섬세하게 채색되어 있습니다. 그림 속 동물들의 생김새가 자세하게 묘사되어 있어 누구나 어떤 동물인지 쉽게 알아볼 수 있습니다.

알타미라 벽화, 기원전 15,000~10,000년경

라스코 벽화, 기원전 17,000~15,000년경

② 사람들이 그림을 그리기 시작한 이유 추측하기

무엇을 그렸는지 이야기해 보았다면 선사 시대 사람들이 동굴 깊숙한 곳에 동물 그림을 그린 이유를 생각해 보도록 합니다. 아이들에게 포스트잇을 나눠 주고 자신의 생각을 적게 한 뒤 칠판에 붙이도록 합니다. 그런 다음 아이들이 적은 내용을 읽어 주면서 비슷한 내용끼리 묶어서 분류합니다. 활동을 마치면 아이들이 생각하는 이유는 크게 네 가지 유형으로 정리할 수 있습니다. 대부분 이 네 유형에서 벗어나지 않지만 만약 새로운 유형의 의견이 나온다면 추가해서 정리합니다.

> (1) 남는 시간을 재미있게 보내고 싶은 마음
> (2) 빈 공간에 그림을 채워 동굴을 꾸미고 싶은 마음
> (3) 사냥했다는 사실을 기록하고 싶은 마음
> (4) 사냥이 잘 되게 해 달라고 기원하는 마음

이제 (1)번부터 (4)번까지 네 가지 이유 중에서 어떤 것이 정답일지 아이들과 함께 토론해 봅니다. (1)번은 심심할 때 재미를 위해 놀이의 한 형태로 그림을 그렸다는 것입니다. 재미를 위해 그림을 그렸다면 함께 노는 친구의 얼굴을 그릴 수도 있고 내가 좋아하는 예쁜 꽃이나 나무를 그릴 수도 있을 것입니다. 그런데 스페인과 프랑스처럼 서로 멀리 떨어져 있는 지역의 사람들이 모두 놀잇감으로 사슴과 멧돼지 같은 '동물'만 그린다는 점은 다소 이상하게 느껴집니다.

(2)번은 내 방을 꾸미는 것처럼 내가 살고 있는 동굴을 예쁘게 꾸미기 위해 그림을 그렸을 것이라는 주장입니다. 그런데 이 경우 사람들이 주로 거주하는 넓은 공간보다는 동굴 깊숙한 곳에 그림을 그렸다는 점과 이미 그려진 그림 위에 새로운 그림을 겹쳐서 그렸다는 점에서 생활공간을 예쁘게 꾸미는 것과는 거리가 멀어 보입니다.

(3)번은 자신이 사냥한 내용을 기록하기 위해 그림을 그렸을 것이라는 주장입니다. 그런데 선사 시대 사람들이 사냥한 동물을 생각해 본다면 잡기 힘

든 큰 동물보다는 근처에서 쉽게 잡을 수 있는 토끼나 작은 새, 물고기 등을 많이 그렸을 것입니다. 기록을 위해 그렸다면 동굴벽화에는 직접 사냥한 작은 동물들의 그림이 더 많이 그려져 있어야 하는데 주로 큰 동물들이 그려져 있습니다. 그래서 이 역시 정답과는 다소 거리가 멀어 보입니다.

최종적으로, 들소나 멧돼지, 사슴 떼 등 덩치나 규모가 커서 사냥하기는 힘들지만 한 번 사냥하면 부족 모두가 배불리 먹을 수 있는 동물을 그렸다는 점에서 (4)번의 주술적 염원을 담아 그림을 그렸다는 결론을 도출할 수 있습니다.

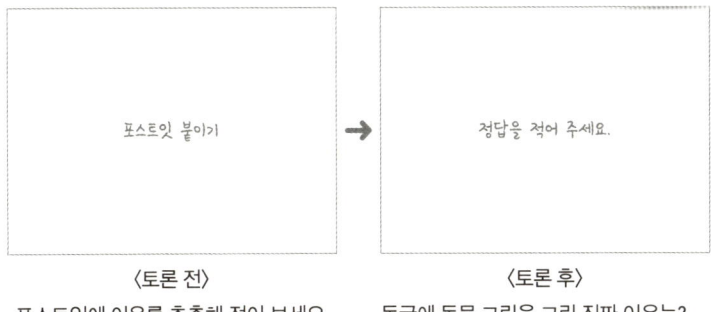

수업 활동지

1. 선사 시대 동굴벽화에서 보이는 것이 무엇인가요?

2. 선사 시대 사람들이 동굴 깊숙한 곳에 동물 그림을 그린 이유는 무엇일까요?

| 포스트잇 붙이기 | → | 정답을 적어 주세요. |

〈토론 전〉 〈토론 후〉
포스트잇에 이유를 추측해 적어 보세요.   동굴에 동물 그림을 그린 진짜 이유는?

3. 수업 후에 느낀 점을 적어 봅시다.

활동 02 소원 생각해 보기

이전 차시에서 아이들은 선사 시대 사람들이 사냥에 성공하길 바라는 주술적 염원을 담아 동굴 벽에 큰 동물을 그렸다는 사실을 알게 되었습니다. 이제 아이들은 당시 그림을 그렸던 사람들의 마음을 떠올리며 지금 내가 무엇을 바라는지, 자신이 무엇을 소망하고 있는지 생각해 봅니다. 이번 수업은 자신이 무엇을 바라는지 아이들 스스로 생각하고 성찰해 가는 과정이 중요합니다. 그러면서 자신의 소망을 시각적으로 구체화하여 마치 동굴벽화처럼 그림의 형태로 표현할 수 있도록 지도합니다.

① 벽화를 그리기 전 나의 소망 시각화하기

아이들에게 동굴 안쪽 깊숙한 곳의 사진 한 장을 보여 줍니다. 그리고 선사 시대 사람들이 그림을 그렸던 마음을 생각해 봅니다. 이제 내가 바라는 것은 무엇인지, 나라면 동굴 깊숙한 곳에 무엇을 그렸을지 질문을 던지도록 합니다. 아이들이 바라는 것은 가지고 싶은 물건이 될 수도 있고, 자신이 꿈꾸는 목표가 될 수도 있고, 또는 우정이나 평화와 같이 좀 더 추상적인 관념이 될 수도 있습니다. 아이들이 자신을 성찰할 수 있도록 아래 세 가지 관점을 제시해 주어도 좋습니다.

(1) 내가 가지고 싶은 물건이 있나요? 그 이유는?

(2) 내가 꿈꾸는 목표가 있나요? 그 이유는?

(3) 내가 살면서 추구하는 가치가 있다면 무엇인가요?
　　(우정, 평화, 건강, 배려 등)

② 나의 소망을 담아 벽화로 남길 이미지 만들기

아이들에게 A4용지와 색연필, 사인펜 등의 채색 도구를 나눠 줍니다. 그리고 나의 소망을 담아 동굴 깊숙한 곳에 남길 이미지를 그리게 합니다. 구체물의 경우 인터넷 검색을 통해 참고할 수 있으며 추상물의 경우 상징이 될 만한 것을 떠올리고 표현할 수 있게 합니다. 아이들이 어려워하면 간단하게 예시를 들어 줍니다. 예를 들어 '배려'를 표현하고 싶다면 비 오는 날 우산이 없는 친구와 우산을 함께 쓰고 가는 경험을 떠올리며 '우산'을 배려의 상징으로 그려 볼 수 있습니다. 또는 '평화'를 상징하는 비둘기처럼 모두가 알고 있는 상징적인 이미지를 그릴 수도 있습니다. 그림을 다 그리면 친구들에게 벽화로 남길 그림이 무엇인지 발표해 보고 함께 공유하는 시간을 가져 봅니다.

수업 활동지

1. 동굴 깊숙한 곳에 벽화로 남기고 싶은 나의 소망은 무엇인지 생각해 봅시다.

내가 가지고 싶은 물건?	내가 꿈꾸는 목표?	내가 삶에서 추구하는 가치?

2. 나의 소망을 담아 벽화로 남길 그림(이미지)을 그려 봅시다.

3. 친구들의 발표를 듣고 인상 깊었던 내용을 적어 봅시다.

`활동 03` **소원벽화 그리기**

선사 시대 사람들이 남긴 그림은 오랜 시간 보존되어 오늘날에 발견되었고, 이를 통해 우리는 당시 사람들이 어떤 소망을 품었는지 추측해 볼 수 있었습니다. 마찬가지로 우리가 그린 벽화 역시 미래 세대에 우리의 소망과 마음을 전달할 수 있을 것입니다. 이전 수업에서 아이들은 자신의 소망을 이미지로 만들었습니다. 이제는 친구들과 함께 동굴 벽에 그릴 소원벽화를 만들어 봅니다. 이 벽화는 후대에 우리 시대 아이들의 소망과 마음을 전해 줄 것입니다.

① 찰흙으로 동굴 벽 만들기(사전 활동)

4인 1조로 모둠을 구성하고 모둠별로 하드보드지 1개와 찰흙 3~4개를 준비합니다. 아이들에게 준비물을 나눠 주고 하드보드지에 찰흙을 넓게 펼쳐서 바르도록 합니다. 완성된 동굴 벽은 찰흙의 수분이 날아가 그림을 그릴 수 있도록 하루에서 이틀 정도 말립니다.

동굴 벽 만드는 과정

준비물: 하드보드지, 찰흙

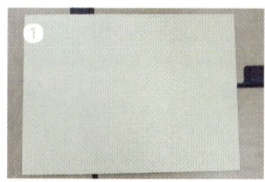  

하드보드지와 찰흙 준비하기   찰흙 주물러 반죽하기   찰흙 넓게 펴서 바르기

찰흙 판 위에 물 조금 붓기   문질러서 동굴 벽 만들기   동굴 벽 완성, 말리기

② 친구들과 함께 소원벽화 그리기

　모둠별로 채색 도구를 준비합니다. 저학년의 경우 사인펜이나 색연필, 유성 매직의 사용을 권장하며 고학년의 경우 물감이나 붓을 사용할 수 있습니다. 모둠별로 협의하여 자신의 소망 이미지를 어디에 어떻게 그릴지 토의합니다. 토의가 끝나면 연필로 찰흙 동굴 벽 위에 소망 이미지의 밑그림을 그립니다. 밑그림 작업이 완료되면 채색 도구를 활용하여 친구들과 함께 소원벽화를 완성합니다. 완성된 소원벽화는 모둠별로 발표하고 작은 이젤을 이용해 전시할 수 있습니다.

학생들이 그린 소원벽화

아주아주 오래전의 사람들도 우리처럼 그림을 그렸다는 것이 신기하지 않나요? 그림을 그린 이유도 간절히 바라는 소망이 이루어지길 바라는 마음에서 그렸다는 사실도 새롭게 알게 되었어요. 그림을 통해 몇만 년 전 사람들의 마음까지 이해한다는 것도 색다른 경험이었을 거예요. 인류가 그린 최초의 그림에도 그들의 마음이 담겨 있듯이 우리가 느끼기에 아무 의미 없어 보이는 그림들, 심지어 낙서처럼 보이는 그림들에도 분명히 그린 사람의 생각과 마음이 담겨 있습니다. 아이들은 왜 그림을 그릴까요? 어떤 마음을 가지고 그림을 그릴까요? 선사 시대 동굴벽화를 소재로 미술 수업의 첫 시간을 꾸릴 때, 아이들의 마음까지 들여다보는 시간이 되기를 바랍니다.

동굴벽화 수업에서 쓰기 좋은 수업 도구

❶ 라스코 동굴 360도 VR 영상

라스코 동굴 속 영상을 360도 VR로 감상할 수 있습니다. 화면이 360도로 움직이면서 선사 시대 사람들이 그렸던 동물의 모습을 4K 화질로 선명하게 보여 주는데, 마치 직접 동굴에 들어온 듯한 생생한 경험을 할 수 있습니다.

라스코 동굴벽화 VR 영상

❷ 울주 대곡리 반구대 암각화

우리나라에도 커다란 짐승을 잡는 모습을 그린 벽화가 있습니다. 바로 울주 대곡리의 반구대 암각화입니다. 이 암각화에는 고래를 사냥하는 모습이 담겨 있습니다. 신석기 시대 말기에서 청동기 시대에 그려졌다고 추정되는 울주 대곡리 반구대 암각화는 범고래, 혹등고래 등 여러 종의 고래가 등장하고, 그물과 작살로 고래를 잡아 옮기는 등 사냥 과정이 아주 자세하게 그려져 있어 세계사적으로 큰 의미가 있습니다. 선사 시대 벽화 수업을 하면서 먼 나라의 벽화와 함께 우리나라의 반구대 암각화도 함께 소개해 보세요.

2장 고대 이집트와 그리스: 고대 화가들을 '화가'라고 할 수 있을까?

● **작품 감상**

이집트 〈사자의 서〉, 기원전 1275년경

평면적이고 뻣뻣해 보이는 고대 이집트의 그림을 보면 당대 화가들의 그림 실력이 의심스럽습니다. 얼굴은 옆을 보고 있지만 몸통은 정면을 향해 있습니다. 두 팔과 다리 역시 모두 잘 보이게 정면을 향해 있지만 손과 발은 옆을 향해 있네요. 이 자세를 직접 따라 해 보면 일상생활에서는 절대로 볼 수 없는 모습이라는 걸 알 수 있습니다. 대단한 문명을 이룬 고대 이집트 사람들은 왜 이렇게 평면적이고 딱딱한 그림을 그렸던 걸까요?

그 이유는 고대 이집트의 종교적 믿음에서 찾을 수 있습니다. 그들은 인간이 죽은 후 삶이 끝난다고 생각하지 않았습니다. 죽은 후에는 그들이 믿었던 신에게 돌아간다고 생각했어요. 그 믿음에서 비롯된 것들이 바로 피라미드와 미라입니다. 하늘로 연결되는 높고 뾰족한 피라미드가 왕이 하늘(사후세계)로 가는 것을 돕는다고 생각했고, 시체를 미라로 만들어 썩는 것을 막으면, 죽고 나서 육체를 그대로 보존해 사후세계에서도 살아갈 수 있다고 믿었습니다. 이런 믿음이 고대 이집트의 그림까지 연결됩니다. 그런데 입체적인 3차원의 세상을 2차원 평면에 그리는 일은 쉽지 않았습니다. 그렇기 때문에 고대 이집트의 그림은 모두 특정한 규칙을 가지고 있었어요. 평면에 입체를 가장 잘 나타내려면 어떻게 해야 할까요? 그 입체의 가장 특징적인 부분을 그려야 합니다. '모든 것을 가장 특징적인 각도에서 보고 그린다.' 이것이 바로 고대 이집트 그림이 가지고 있는 규칙입니다.

이 규칙을 잘 생각하며 고대 이집트의 〈사자의 서〉 중 한 부분을 감상해 봅시다. 〈사자의 서〉는 쉽게 말해 사후세계에 대한 안내서입니다. 그림 속 장면은 사람이 죽은 후 신들에게 심판을 받는 과정을 나타냈습니다. 한눈에 보아도 사람과 신이 서로 다른 모습으로 그려졌음을 알 수 있습니다. 신에게 심판받으러 가는 사람의 모습을 봐 주세요. 신체 각 부분이 가장 특징적인 각도에서 그려져 있습니다. 얼굴은 눈, 코, 입, 귀를 모두 나타낼 수 있는 옆모습으로, 몸통은 두 팔과 다리의 연결을 잘 알 수 있는 앞모습으로, 두 손과 발은 모양을 잘 나타내는 옆모습으로 그려져 있습니다. 고대 이집트 회화를 보면 모두 비슷하게 그려져 있습니다. 고대 이집트 사람들은 보이는 대로 그리지 않고 종교적인 믿음에서 비롯된 규칙대로 그렸기 때문입니다.

올림피아 제우스 신전 일부 〈하늘을 이고 있는 헤라클레스〉, 기원전 470년경

〈라오콘과 그의 아들들〉, 기원전 175년경

고대 그리스 초기 작품은 고대 이집트의 영향을 크게 받았습니다. 올림피아 제우스 신전을 장식하고 있는 부조를 보아도 그 사실을 알 수 있어요. 우리가 감상했던 고대 이집트의 그림과 마찬가지로 얼굴은 옆을, 몸은 앞을 향해 있고 다소 딱딱해 보이는 자세를 취하고 있습니다. 하지만 이집트 그림과 달리 몸의 각 부분이 부드럽게 연결되어 있고, 옷이 어깨에서 떨어지는 부분이나 전체적인 옷 주름 역시 자연스럽습니다. 이집트 미술의 영향을 받았지만 고대 그리스 미술가들은 인체를 자연스럽고 신빙성 있게 표현하려고 노

력한 것이죠. '원반 던지기' 하는 모습을 포착한 듯한 미론의 작품 〈원반 던지는 사람〉 역시 고대 이집트의 흔적이 느껴집니다. 몸은 앞모습이지만 팔과 다리는 옆모습을 표현하려고 했어요. 하지만 딱딱하기만 했던 고대 이집트의 규칙에 그리스 사람들이 운동감을 더하자 생생한 표현이 이루어졌습니다. 〈하늘을 이고 있는 헤라클레스〉와 창작 시기가 불과 20년밖에 차이 나지 않는다는 사실은 고대 그리스 사람들이 얼마나 빠른 속도로 미술의 발전을 이루었는지 짐작게 합니다. 시간이 흘러 헬레니즘 시대에 들어서면 강렬한 감정의 표현과 생명감이 느껴지는 작품을 볼 수 있습니다. 〈라오콘과 그의 아들들〉은 신들이 보낸 뱀에 감겨 고통스러워하는 라오콘과 그의 아들들을 표현한 조각 작품입니다. 몸부림치는 모습과 찡그린 표정에서 끔찍한 고통이 그대로 느껴집니다. 시간이 흐르면서 그리스 사람들은 운동감, 자연스러움, 감정, 생명력 등 여러 가지를 표현하는 기술을 습득하기 위해 노력했어요. 종교에서 벗어난 최초의 미술이라고 볼 수 있는 것이죠.

  고대 그리스의 작품들을 보면 하나의 공통점을 발견할 수 있습니다. 모두 비율이 좋고, 근육질 몸에, 아름다운 얼굴을 하고 있다는 거예요. 옛날 그리스에는 이렇게 모두 잘생기고 몸이 좋은 사람만 있었던 것일까요? 당연히 아니겠죠. 고대 그리스 사람들은 자신들을 세상의 '배꼽'이라고 생각했대요. 배꼽은 몸의 중심에 있습니다. 배꼽처럼 자신들도 이 세상의 중심에 있다고 생각한 거예요. 그래서 고대 그리스에서는 이집트와 달리 모든 신이 인간의 모습을 하고 있습니다. 인간을 너무 사랑한 고대 그리스인들은 인체도 미화시켜 아주 이상적인 모습으로 작품을 만들었습니다. 그러니 아름다운 고대 그리스의 조각 작품들은 인간을 아주 사실적으로 나타냈다기보단 이상적으로 표현했다고 말할 수 있겠네요.

● 주요 구성

1	고대 이집트 미술 이해하기	• 고대 이집트 그림 감상하며 이해하기 • 고대 이집트 사람처럼 그리기 • 설명을 듣고 〈네바문의 정원〉 그리기
2	고대 그리스 미술 이해하기	• 고대 그리스 조각 작품을 시간 순서대로 감상하며 변화 알아보기 • 고대 그리스 조각 작품의 특징 파악하기
		• 비율을 살려 철사 인형 만들기 • 철사 인형으로 동세 표현하기

● 활동 설명

활동 04 고대 이집트 미술 이해하기

고대 이집트 시대의 미술 작품을 들여다보면 사람들의 모습이 어딘가 부자연스럽게 보입니다. 현대에 살고 있는 우리의 관점에서 감상하면 이상해 보일 수도 있지만 당시 사람의 입장에서 이 그림들은 아주 자연스럽게 느껴질 것입니다. 왜냐하면 미술 작품에는 그 시대 사람들이 살아온 역사와 사회, 문화적 맥락이 녹아 있기 때문입니다.

   이번 수업에서 가장 중요한 요소는 아이들이 고대 이집트인들의 관점과 시각에서 생각하는 경험입니다. 이를 위해 수업을 세 단계로 구성하여 진행합니다. 첫 번째 단계에서는 이집트인들이 그린 그림을 감상하며 사람을 어떠한 방식으로 표현했는지 알아봅니다. 그리고 표현 방식이 현대에 사는 우리가 보기에는 이상하다는 걸 느껴 봅니다. 두 번째 단계에서는 고대 이집트의 역사와 문화를 바탕으로 고대 이집트인들이 왜 그런 표현 방법을 사용하였는지 이해합니다. 마지막으로 세 번째 단계에서는 〈네바문의 정원〉이라는 작품을 바탕으로 이집트 미술의 규칙을 떠올리며 네바문의 정원을 그려 보고 실제 〈네바문의 정원〉과 비교해 봅니다. 학생들은 이번 수업을 통해서 이집트 미술의 독특한 표현 방법을 알 수 있으며 이집트인들이 어떻게 자신들의 문화를 그림에 반영하였는지 알 수 있습니다.

① 고대 이집트 그림 감상하며 이해하기

학생들에게 고대 이집트인이 그린 사람의 모습을 보여 줍니다. 그리고 일어나서 이 모습을 똑같이 몸으로 따라 해 보도록 합니다. 아마 학생들의 몸이 꽈배기처럼 뒤틀리며 교실이 아이들의 웃음소리로 가득하게 될 거예요. 왜냐하면 이 자세는 실제 몸으로 표현하기에 매우 어렵고 우스꽝스럽거든요.

다음은 고대 이집트 사람들이 왜 이렇게 몸으로 따라 하기 힘든 이상한 그림을 그렸는지 이해하기 위해서 이집트의 지정학적 위치와 역사적 배경을 설명합니다. 이집트는 서쪽과 남쪽은 사막으로, 북쪽은 지중해 동쪽은 홍해로 둘러싸여 있습니다. 지리적으로 외세의 침입을 방어하기에 매우 좋은 지정학적 위치에 있습니다. 또한 나일강이 국토를 종단하면서 주기적으로 범람하여 비옥한 토지를 선물해 주었습니다. 그래서 이집트는 안전하고 풍요로웠으며 높은 수준의 문화와 예술을 꽃피울 수 있었습니다.

인간은 삶과 생존의 문제가 해결되면 높은 차원의 문제를 고민하게 됩니다. 그러면 이집트 사람들의 고민은 무엇이었을까요? 삶 다음의 문제, 바로 죽음이었어요. 이집트 사람들은 죽음 이후, 즉 사후세계에 관심이 많았습니다. 그들에게 그림은 사후세계를 잇는 통로였습니다. 이집트인들은 신체의 모든 부분이 보여야 죽어서도 완전한 모습으로 사후세계에 간다고 믿었습니다. 그래서 사람을 그릴 때 현실의 관점에서 조화롭게 그린 것이 아니라 눈, 코, 입, 팔, 다리, 몸통 각각의 특징이 가장 드러날 방법을 찾아 그렸습니

이집트 그림 속 인물의 자세를 따라 해 보는 활동

다. 이는 우리가 잘 알고 있는 입체파 화가 피카소에게 영향을 주기도 하였습니다.

② 고대 이집트 사람이 되어 자신을 그리기

　고대 이집트인이 사람을 그릴 때 중요하게 생각한 것은 각 신체 부위의 특징이 잘 드러나는 형태를 그리는 것입니다. 사람의 눈은 어디서 보았을 때 가장 특징이 잘 드러날까요? 옆에서 본 모습보다 앞에서 본 모습이 눈의 특징을 더 잘 드러낼 수 있습니다. 코는 어떨까요? 앞보다 옆에서 보았을 때 오뚝 솟은 콧날의 모습이 잘 보입니다. 몸통은 옆에서 보는 것보다 앞에서 보았을 때 잘 드러낼 수 있으며, 발과 다리는 옆에서 걷는 모습을 볼 때 그 특징이 잘 드러납니다. 이처럼 우리 몸의 각 부위가 어떤 형태로 포착될 때 특징이 가장 잘 드러나는지 아이들과 함께 이야기해 보고, 이집트 사람이 된 자신의 모습을 그려 보도록 합니다.

이집트 그림 기법을 활용한
학생의 작품

활동 05 설명 듣고 〈네바문의 정원〉 그려 보기

〈네바문의 정원〉은 기원전 14세기 무렵에 그려진 것으로 고대 이집트 나일 강 상류에 자리 잡은 도시 테베의 서기이자 공물 징수관이었던 귀족 네바문의 무덤에서 발견된 그림입니다. 현실의 풍요로움이 죽음 이후에도 지속되기를 희망하며 아름다운 정원을 무덤에 그렸을 거라고 추측할 수 있습니다.

수업 활동은 다음과 같습니다. 먼저 아이들에게 다음과 같은 상황 설명을 해 줍니다.

"우리는 지금부터 이집트의 화가입니다. '네바문'이라는 이집트 사람이 자신의 정원을 그려 달라고 요청했어요. 네바문은 큰 정원을 가지고 있어요. 그리고 그 정원에는 아름다운 연못도 있답니다. 네바문은 죽은 다음의 세계에서도 자신의 아름다운 연못을 계속 보고 싶어 해요. 그렇다면 여러분이 그림으로 그려서 남겨야겠죠? 네바문이 만족할 수 있도록 고대 이집트인의 관점에서 네바문의 정원을 그려 봅시다."

이제 학생들에게 종이를 나눠 주고 정원의 특징을 차례대로 이야기해 줍니다. 아이들은 정원에 대한 설명을 듣고 고대 이집트 미술의 규칙에 따라 정원의 모양을 상상하며 그립니다. 정원에 대한 설명은 다음과 같습니다.

> (1) 연못의 모양은 네모납니다.
>
> (2) 연못 안에는 물고기와 오리가 있습니다.
>
> (3) 연못 주위에는 나무들이 있습니다.
>
> (4) 나무에는 많은 가지가 있고 열매들이 달려 있습니다.

모두 그림을 완성하면 실제 〈네바문의 정원〉 그림을 보여 주고 비교해 봅니다. 먼저 〈네바문의 정원〉과 비슷한 작품을 몇 개 추천받아 칠판에 붙입니다. 칠판에 붙은 작품을 보며 토의를 통해 실제 네바문의 정원과 가장 비슷

〈네바문의 정원〉, 기원전 1350년경

하게 그린 작품을 뽑아 봅니다.

〈네바문의 정원〉을 자세히 들여다보면, 먼저 연못의 네모 형태가 가장 잘 보이도록 위에서 내려다본 모습을 그렸습니다. 반면 물고기와 오리, 나무는 그 특징이 잘 드러나게 옆에서 본 모습으로 그렸습니다. 나뭇가지와 열매는 실제로 잎에 가려 잘 보이지 않겠지만 마치 나무를 반으로 자른 단면을 보는 것처럼 잘 보이게 그렸습니다. 네바문은 나뭇가지에 달린 풍성한 열매도 사후세계에 가져가고 싶었던 게 아닐까요? 아이들이 그린 작품 중 실제 작품과 가장 비슷하게 그린 작품을 선정하고 아이들에게 '최고의 이집트 화가'라는 칭찬을 해 보세요. 원래 가지고 있는 그림 실력과 상관없이 평소 그림에 흥미와 재능이 없던 아이가 뽑히는 경우도 많습니다. 어떤 아이들은 난생처음 최고의 화가로 뽑히는 경험을 하면서, 미술에 흥미를 더 느끼게 될 거예요. 마지막으로 고대 이집트 미술을 공부하며 느낀 점이 무엇인지 함께 이야기 나누며 수업을 마무리합니다.

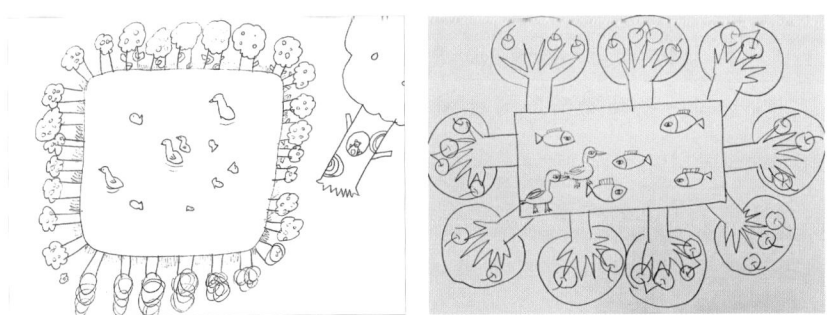

학생들이 그린 〈네바문의 정원〉

활동 06 고대 그리스 미술 이해하기

고대 그리스 미술도 고대 이집트 미술과 마찬가지로 그리스인들의 관점과 시각을 이해하는 것이 중요합니다. 이 과정은 이집트 수업과 비슷하게 세 단계로 이루어집니다. 첫 번째 단계에서는 네 가지 고대 그리스 조각상을 순차적으로 감상하며 시간의 흐름에 따른 작법의 변화를 관찰합니다. 이를 통해 고대 이집트 미술과는 다른 그리스 미술의 발전 양상을 파악하게 됩니다. 두 번째 단계에서는 그리스 조각 작품의 특징을 자세히 분석합니다. 그리스인들이 작품에서 어떤 점을 강조하려고 했는지, 어떤 스타일과 형태를 적용했는지 파악하며 인간을 중심에 두고 아름다움을 표현하고자 했던 그들의 생각을 이해합니다. 세 번째 단계에서는 비율과 동세의 중요성을 강조하며 철사 인형을 만들고 그리스 조각처럼 다양한 자세를 구현해 봅니다. 이 활동을 통해 아이들은 그리스 미술에서 인간의 아름다움과 완벽한 비율, 동작을 표현하기 위해 어떤 노력을 했는지 이해할 수 있습니다.

① 고대 그리스 조각 작품을 시간 순서대로 감상하며 변화 알아보기

고대 그리스 조각 작품을 제작 시기 순서대로 4개를 선정하여 학생들과 함께 감상합니다.

첫 번째 작품은 올림피아 제우스 신전에 일부 조각된 〈하늘을 이고 있는 헤라클레스〉입니다. 이 조각을 자세히 보면 고대 그리스인들이 사람을 매우 사실적으로 표현했다는 점에 놀라게 됩니다. 사람의 근육을 섬세하게 묘사하였으며 실제 인체와 매우 비슷하게 보입니다. 다만 인물의 몸과 머리가 서로 다른 곳을 향하고 있고 평면적인 것을 보아 아직 이집트 미술의 영향이 남아 있음을 확인할 수 있습니다.

올림피아 제우스 신전 일부
〈하늘을 이고 있는 헤라클레스〉, 기원전 470년경

〈아르테미시온의 포세이돈(혹은 제우스)〉,
기원전 460년경

　다음 작품은 포세이돈 혹은 제우스로 추정되는 사람이 무엇인가를 던지고 있는 모습을 표현한 작품입니다. 던지는 것은 창일까요, 번개일까요? 무엇인지 알 수는 없지만 그것과는 상관없이 몸의 자세와 근육의 자연스러운 표현력, 그리고 무엇인가를 던지는 순간의 움직임과 힘이 느껴집니다. 〈원반 던지는 사람〉은 원반을 던지는 순간을 담아내었는데 이전보다 근육과 인체의 모습이 자세하고 사실적으로 묘사되어 움직임이 더욱 극적으로 느껴집니다. 하지만 두 작품 모두 몸이 정면을 향해 있고, 두 팔과 다리를 자연스럽게 묘사하기보다는 잘 보이기 위한 목적으로 겹치지 않게 표현한 데서 아직 고대 이집트의 영향을 벗어나지 못한 것을 알 수 있어요.
　〈라오콘과 그의 아들들〉은 한참 이후의 작품으로 더욱 강조된 움직임과 고통스러운 감정을 풍부하게 묘사한 표정을 통해 아버지와 아들들의 감정과 이야기가 작품에 잘 표현되어 있습니다.
　이렇게 4개의 작품을 순서대로 보여 주며 그리스 미술의 특징과 그것이

〈원반 던지는 사람〉, 미론, 기원전 450년경   〈라오콘과 그의 아들들〉, 기원전 175년경

어떻게 변해 왔는지 활동지에 적고 함께 이야기를 나눠 봅니다. 주요한 특징으로는 실제 인간의 모습을 사실적으로 표현하였다는 점과 작품에 표현된 조각상이 일관되게 군살이 없으며 근육이 매우 잘 발달하고 균형 잡혀 있다는 점도 찾아볼 수 있습니다. 한편으로 시간이 지나면서 점점 동작과 몸짓이 복잡해지고 표정에도 변화가 생기는 것을 알 수 있습니다.

② 고대 그리스 조각 작품의 특징 파악하기

이제 4개의 작품을 토대로 그리스 조각 작품의 특징을 찾아보는 활동을 합니다. 이 작품들의 공통점은 무엇일까요? 바로 사람을 표현했다는 점입니다. 이집트인들이 사후세계를 중심으로 고민했다면 그리스인들은 사람을 중심으로 생각하였습니다. 그래서 그리스의 신들도 모두 사람의 모습을 하고 있어요. 또한 그리스인들은 인간의 아름다움을 중요하게 여겼습니다. 현실에 존재하지 않는 완벽한 비율과 아름다운 육체의 움직임을 표현하는 것은 고대 그리스 미술의 가장 대표적인 특징입니다.

수업 활동지

1. 고대 그리스의 조각 작품 4개를 감상하고 〈보기〉를 활용하여 빈칸에 들어갈 내용을 넣어 봅시다.

〈보기〉
이집트, 그리스, 움직임, 근육, 감정

가. 〈하늘을 이고 있는 헤라클레스〉는 실제 사람의 모습과 비슷하게 표현하였으나 평면적으로 구성되어 있다는 점에서 (　　　　) 시대 영향을 느낄 수 있습니다.

나. 〈원반 던지는 사람〉은 원반을 던지는 사람의 (　　　)와/과 (　　　)이/가 잘 표현되어 있습니다.

다. 〈라오콘과 그의 아들들〉에서는 더욱 사실적인 움직임을 표현하였으며 얼굴 표정을 통해 (　　　)을/를 실감 나게 표현하였습니다.

2. 4개의 작품에서 공통된 특징을 찾아봅시다(인체의 표현이나 움직임 등).

3. 4개의 작품이 시간의 흐름에 따라 어떻게 변화했는지 적어 봅시다.

활동 07 비율과 동세를 살려 철사 인형 만들기

아이들이 고대 그리스인들처럼 이상적인 인체 비율과 근육 묘사로 작품을 만들 수는 없겠죠? 그래서 아이들과 활동할 때는 비율을 살리되, 철사를 이용하여 인형을 만들고 동세를 표현해 볼 거예요. 철사 인형 재료는 안전하고 쉬운 활동을 위해 잘 구부러지는 컬러 공예 철사를 사용합니다. 그리고 사람 모양의 윤곽선이 인쇄된 활동지, 가위, 스테이플러, 셀로판테이프가 필요합니다.

철사 인형 만드는 과정

준비물: 활동지, 공예용 철사, 가위, 우드록 받침, 스테이플러, 셀로판테이프

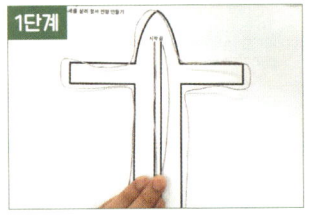

윤곽선 따라 구부리기

사람 모양의 윤곽선이 인쇄된 활동지를 주고, 인쇄된 부분의 시작점부터 윤곽선을 따라 철사를 구부리면서 끝나는 지점까지 모양을 맞춥니다.

철사 자르기 및 조정

끝나는 지점에서 가위를 사용하여 철사를 자릅니다. 모양을 좀 더 정확하게 맞추기 위해 세밀하게 조정합니다.

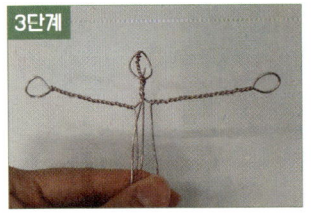

얼굴과 목 만들기

얼굴 쪽의 철사 네 가닥을 꼬아서 얼굴과 목을 만듭니다. 동그랗게 말린 부분을 아래쪽으로 구부려 얼굴을 만듭니다.

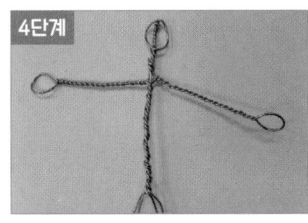

팔, 허리, 다리 만들기

팔, 허리, 다리 순서대로 철사를 꼬아 만듭니다.

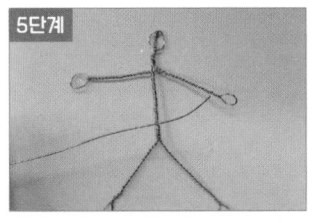

몸통 완성

남은 철사를 길게 자른 뒤 어깨와 몸통, 골반 부분에 더 감아서 인체의 비율과 비슷하게 만듭니다.

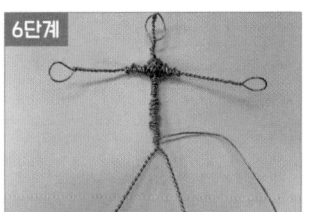

동작 표현

완성된 철사 인형을 사용하여 여러 가지 동작을 만들어 봅니다. 필요하다면 남은 철사를 활용하여 창이나 공과 같은 물건을 만들어 표현할 수도 있습니다.

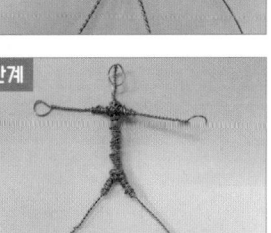

고정 및 완성

표현하고 싶은 자세로 작품을 완성했다면 우드록 받침에 스테이플러와 셀로판테이프로 고정합니다.

　고대 그리스 사람들은 인간을 너무 사랑했고, 그래서 아름답게 표현하려고 노력했어요. 그 노력의 결과로 몸의 근육들을 세세하게 표현할 수 있게 되었습니다. 게다가 자연스럽고 멋있는 자세를 고안하여 고대 이집트 사람들보다 발전된 작품을 만들 수 있었답니다. 이집트의 영향을 받았으면서도 자신들만의 미술로 발전시켰다는 것이 대단하지 않나요? 더 나아가 아주 먼

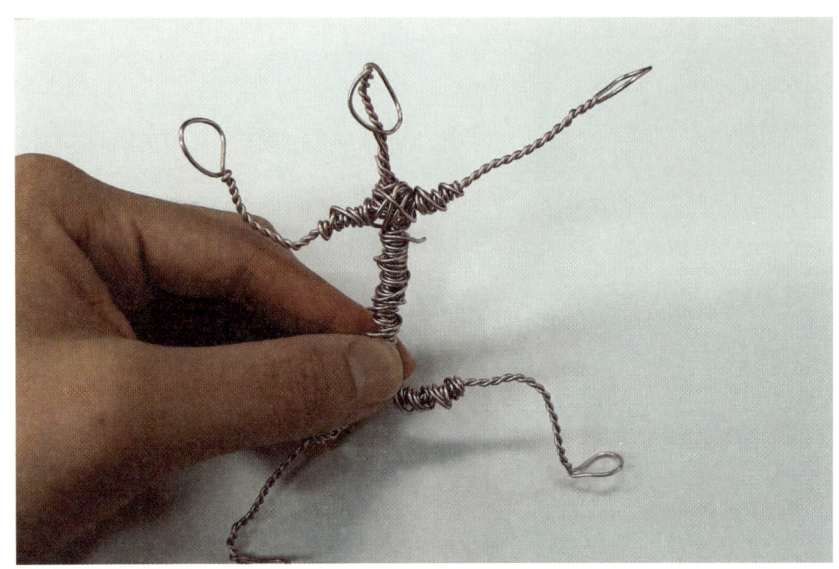
비율과 동세를 살려 만든 철사 인형

옛날, 아주 먼 땅인 고대 그리스에서 아름답게 여긴 인간의 모습이 현재 우리가 아름답다고 말하는 인간의 모습과 비슷하다는 점도 참 신기하고 재미있습니다.

3장 르네상스: 위대한 발견, 위대한 예술가를 낳다

● 작품 감상

〈성 삼위일체〉, 마사초, 1426-1428

피렌체 대성당, 1436년 완공

'르네상스'는 재생(rebirth)을 의미합니다. 이탈리아 사람들은 고대 로마 시대만 해도 자신들이 세상의 중심이라고 여겼습니다. 그러다 15세기 무렵, 고트족과 반달족 등 게르만족의 침입 이후 로마 제국이 무너지면서부터 변두리로 밀려났다고 생각했습니다. 그래서 이전 미술 양식을, 고트족의 이름을 따서 '고딕' 양식이라고 부르고, 문화유산을 파괴하는 행위를, 반달족의 이름을 따서 '반달리즘'이라고 부르며 야만적이라고 생각했습니다. 그리고 지금까지는 그저 고대에서 근대로 지나오는 중간 시기에 불과하다는 뜻에서 '중세 시대'라는 개념이 생겼습니다. 그렇다면 르네상스는 어떤 시대로의 재생인지 아시겠지요? 바로 고대 로마의 명맥을 이어 그때 누렸던 영광을 다시 누리겠다는 뜻을 담고 있습니다.

르네상스 운동이 가장 활발하게 이루어졌던 곳이 바로 '피렌체'입니다. 당시 피렌체에는 13세기 말부터 피렌체 대성당이 지어지고 있었습니다. 피렌체 사람들은 새로 짓는 이 성당의 천장을 고딕 양식인 뾰족한 첨탑이 아니라 둥근 돔으로 덮기를 원했어요. 그 목표를 이룬 사람이 바로 브루넬레스키입니다. 브루넬레스키의 또 다른 위대한 업적은 바로 원근법을 발견했다는 것입니다. 당시 사람들은 거리가 멀어질수록 사물이 점점 작게 보인다는 사실을 알지 못했어요. 브루넬레스키는 모든 것이 한 점으로 모여 점점 사라지게 그리는 선원근법을 활용해 세례당을 그렸습니다. 그리고 실제 세례당 앞에서 직접 시연해 보임으로써 사람들을 모두 깜짝 놀라게 했다고 합니다. 브루넬레스키가 그린 그림과 눈으로 보는 실제 풍경이 똑같아 보였거든요. 원근법을 활용하여 그려진 최초의 회화 작품이 바로 마사초의 〈성 삼위일체〉입니다. 제단 아래의 관과 예수의 머리 위를 덮고 있는 아치에서 원근법을 느낄 수 있습니다. 그림만 보아서는 원근법이 잘 느껴지지 않아서 실망할 수 있지만 당시 피렌체 사람들은 벽에 그려진 이 그림을 보고 정말 벽을 파낸 게 아닌가 하는 충격을 받았다고 합니다.

    브루넬레스키와 마사초가 등장한 이후에도 피렌체에는 위대한 예술가들이 계속해서 등장했는데요, 그들이 바로 레오나르도 다빈치, 미켈란젤로, 라파엘로입니다. 그들은 인체와 자연을 끊임없이 탐구하여 미술에 필요한 수많은 지식을 습득했습니다. 또한 입체감, 운동감, 세부적인 묘사, 균형과 조화를 이루는 작품의 구성을 비롯한 모든 기법을 연구했습니다. 이 세 사람이 그린 각각의 벽화가 있습니다. 바로 레오나르도 다빈치의 〈최후의 만찬〉, 미켈란젤로의 시스티나 예배당 천장화, 라파엘로의 〈갈라테이아의 승리〉인데요, 이 세 작품을 비교해 보시면 세 사람이 각각 지닌 예술성을 느낄 수 있을 거예요.

● 주요 구성

1	원근법 이해하기	• 브루넬레스키가 발견한 선원근법 이해하기 • 신원근법에 따라 그려진 명화에시 소실점 찾기
2	원근법이 살아 있는 방	• 내 방에 담을 나의 모습 사진 찍기 • 가운데 소실점을 기준으로 나만의 방 꾸미기 • 자신의 방에 있는 모습 사진으로 찍고 붙이기
3	르네상스 패러디	• 레오나르도 다빈치, 미켈란젤로, 라파엘로의 작품 감상하기 • 한국의 어벤져스 위인들로 만드는 〈아테네 학당〉

● 활동 설명

활동 08 원근법 이해하기

원근법은 2차원 평면에 3차원 공간을 그릴 때 사용되는 기법 중 하나입니다.

고대 이집트 사람들이 평면에 입체를 그리기 위해 얼마나 말도 안 되는 규칙을 따라 그렸는지 기억하시나요? 르네상스 시대에 발견된 원근법으로 우리는 풍경을 더 사실적으로 그릴 수 있게 되었습니다. 단순히 물체가 멀리 있으면 작게, 가까이 있으면 크게 보이는 것도 원근법의 일종이지만 이 수업에서는 선원근법을 탐구하는 형태로 활동을 구성하였습니다. 선원근법은 수평선과 수직선 그리고 소실점으로 구성되며 소실점의 개수에 따라 1점 투시도법, 2점 투시도법, 3점 투시도법으로 불리기도 합니다. 이 기법은 주로 건축, 풍경, 도로, 철도와 같은 작품을 그릴 때 사용되며 공간의 실제성과 깊이를 현실적이고 입체적으로 보이게 해 줍니다.

이번 수업에서는 선원근법을 알아보기 위해서 먼저 원근법을 발견한 이탈리아 화가 브루넬리스키와 원근법이 적용된 마사초의 그림 〈성 삼위일체〉를 소개합니다. 그리고 이 작품이 선원근법을 어떻게 사용했는지 설명하며 작품의 소실점을 찾아내고, 원근법의 특징을 탐구할 수 있도록 안내합니다. 이어서 선원근법으로 소실점 찾기 게임을 합니다. 여러 명화를 보면서 학생들은 소실점을 찾아보고 토론하며 정답을 확인합니다. 이 수업을 통해 학생들은 작품을 감상하며 원근법이 어떻게 적용되었는지를 이해할 수 있습니다.

① 브루넬레스키와 선원근법 이해하기

학교의 복도를 위에서 보면 어떤 모양일까요? 학생들에게 그림을 그려 보게 합니다. 아마 대부분 11자로 평행하게 이어진 복도의 모양을 그릴 것입니다. 이번에는 복도에 서서 한쪽 끝을 바라본다면 복도의 모습이 어떨지 그리게 합니다. 어려워하는 친구들은 직접 복도에 나가서 보이는 모습을 그려 보게 하거나 복도의 모습을 찍은 사진을 보여 줍니다. 이번에는 11자로 평행하게 이어진 복도가 아니라 점점 좁아지며 한 점으로 모이는 형태를 볼 수 있습니다. 이때 모이는 점을 소실점이라고 하며, 이를 통해 우리는 멀리 있는 장소와 가까이 있는 장소를 구분할 수 있습니다. 그런데 옛날 사람들은 이러한 원리를 몰랐기 때문에 그림을 그릴 때 실제로 보이는 것과 다르게 그릴 수밖에 없었습니다. 그러다가 르네상스 시대에 두오모 성당의 건축가로 유명한 브루넬레스키가 원근법이라 불리는 이 원리를 처음으로 창시하였습니다. 그리고 이후에 브루넬레스키로부터 원근법을 전수한 마사초가 피렌체의 한 성당에 〈성 삼위일체〉를 그리게 됩니다.

   선원근법의 원리를 배웠다면 사진과 그림에서 소실점을 함께 찾아봅시다. 사진 속 풍경이나 물체에 가상의 선을 긋고 그 선들이 만나서 생기는 점을 찾습니다. 그 점이 바로 소실점입니다. 아이들에게 복도와 기찻길의 사진에 가상의 선을 그어 보고 소실점을 찾아보게 합니다. 원근법이 명확한 사진을 주면 소실점을 찾는 게 그렇게 힘들지는 않을 거예요. 다음은 마사초의 〈성 삼위일체〉를 감상하고 소실점을 찾아봅니다. 마사초의 그림은 원근법을 적용한 초기 작품이기 때문에 학생들이 소실점을 찾기 어려워할 수도 있지만 아치에서부터 선을 이었을 때 하나의 점으로 모이는 것을 볼 수 있어요.

수업 활동지

1. 우리 학교 복도를 학교 위에서 내려다보았을 때와 복도에 서서 한쪽 끝을 바라보았을 때 복도의 모양이 어떨지 상상하며 그려 봅시다.

위에서 내려다보았을 때	복도에 서서 한쪽 끝을 바라보았을 때

2. 아래 사진에서 선을 연장하여 만나는 점(소실점)을 찾아봅시다.

처음 만나는 미술사 수업

② 선원근법을 이용한 소실점 찾기 게임

선원근법과 소실점에 대해 이해한 내용을 적용하기 위해서 다양한 명화 속 소실점을 찾아보는 게임을 합니다. 먼저 선원근법이 적용된 명화 프린트물과 원형 도트 스티커를 준비합니다. 사람마다 다른 색 스티커를 준비하면 누가 어떻게 생각했는지 바로 확인할 수 있습니다. 그림과 스티커가 준비됐다면 게임을 진행합니다. 제한 시간 안에 자신이 생각하는 소실점을 찾고 그곳에 도트 스티커를 붙입니다. 각 그림에는 소실점이 여러 개 존재할 수 있습니다. 여럿이서 게임할 때는 정답을 맞추고 점수를 얻는 경쟁 게임으로 진행할 수 있어요. 하지만 경쟁에 집중하기보다는 대화와 토론을 통해 학생들이 브루넬레스키의 선원근법과 소실점을 이해하는 데 도움이 될 수 있도록 활동을 운영하는 것이 좋습니다.

소실점 찾기 활동

〈미델하르니스의 길〉, 마인데르트 호베마, 1689

〈최후의 만찬〉, 레오나르도 다빈치, 1495-1498

〈아테네 학당〉, 라파엘로 산치오, 1510-1511

〈파리의 거리, 비 오는 날〉, 귀스타브 카유보트, 1877

활동 09 원근법이 살아 있는 내 방 꾸미기

'원근법이 살아 있는 방'은 마사초의 그림에서 영감을 받은 수업 활동입니다. 마사초의 〈성 삼위일체〉에서 예수의 모습을 학생들의 사진으로 대체하고 세례당을 학생들이 자신들의 방으로 바꾸어 꾸미는 창작 활동입니다. 다소 어둡고 성스러운 마사초의 그림과 다르게 이번 활동은 각자의 개성을 반영한 재미있고 다양한 방의 모습을 볼 수 있습니다. 자기 모습을 활용하여 창의적인 작품을 만들고 원근법과 소실점에 대한 이해를 발전시키도록 해 보세요.

① 내 방에 담을 나의 모습 사진 찍기

원근법을 적용하여 나만의 방을 꾸며 봅시다. 방을 어떤 무늬의 벽지로 꾸미고 싶나요? 아니면 멋진 그림을 걸고 싶나요? 창문을 내거나 장식품, 시계를 걸 수도 있겠네요. 내가 지내고 싶은 방의 모습이 어떤지 자유롭게 상상하며 마음껏 꾸며 보도록 하세요. 단, 원근법을 적용해서 말이에요.

먼저 방의 주인인 자신의 사진을 찍습니다. 학생들이 방 안에 있는 자신만의 포즈를 취하고 사진을 찍도록 합니다. 사진은 배경을 제거할 수 있는 png 파일로 저장해야 합니다. 배경 제거는 스마트폰의 기본 기능이나 'remove.bg'라는 이미지 배경 제거 사이트에서 할 수 있습니다. 이후 한글 파일에서 정해진 규격의 표에 사진을 채워 인쇄하고 나눠 줍니다. 학생들은 가위를 이용해 윤곽선을 따라 자기 사진을 잘라 냅니다.

'원근법을 활용하여 내 방 꾸미기' 활동 전 준비 단계

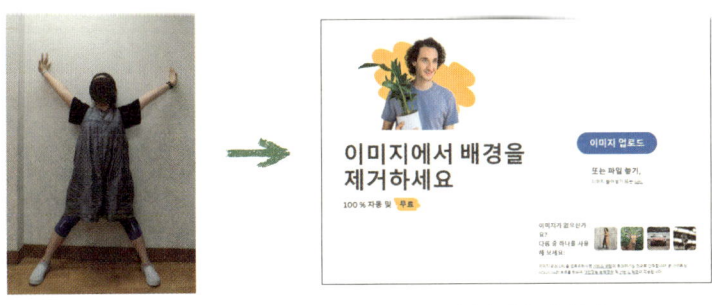

1. 포즈 잡고 사진 찍기　　　　2. 이미지 배경 제거하기

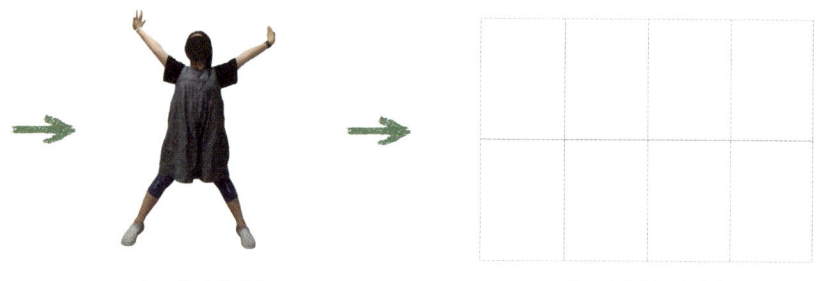

3. 배경 제거 사진 저장   4. 한글 파일 활동지 열기

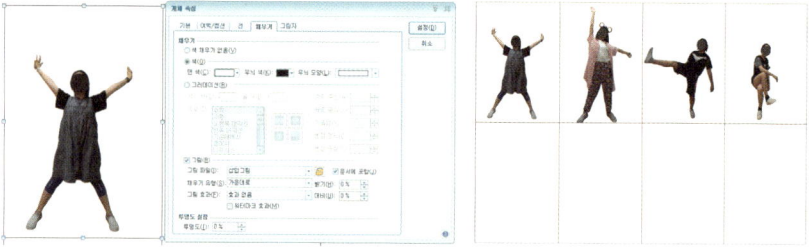

5. 마우스 우클릭 - 표/셀 속성 - 채우기 - 그림 체크 - 파일 선택 - 채우기 가운데

② 가운데 소실점을 기준으로 나만의 방 꾸미기

　1점 투시도법의 나만의 방 꾸미기 활동지를 나눠 줍니다. 활동지에서 함께 소실점을 찾아봅니다. 이후 네모 칸 가운데의 점을 소실점으로 잡고 연필로 여러 개의 선을 퍼져 나가듯이 그어 원근법을 표현합니다. 선들을 연결하여 체크무늬를 만들고 다양한 형태로 자신만의 방을 꾸밉니다. 이때 학생들이 가로선은 잘 그려도 소실점으로 모이는 세로선 그리는 것을 어려워하는 경우가 많으므로 아이들이 가로선과 세로선을 모두 잘 그리고 있는지 확인하며 지도합니다. 연필로 밑그림을 다 그린 학생들이 있다면 선생님께서 검토하신 뒤 사인펜과 색연필을 활용하여 색칠하도록 합니다. 색칠이 끝나면

가위로 잘라 낸 학생 자신의 사진을 가운데 네모 칸에 붙여 완성합니다. 이후 학생들이 만든 작품을 전시하여 공유하고, 자신이 꾸민 방의 콘셉트과 자신의 포즈에 대해 이야기합니다. 서로의 작품을 보며 창의적인 아이디어를 칭찬하고 감상을 나눠 보세요.

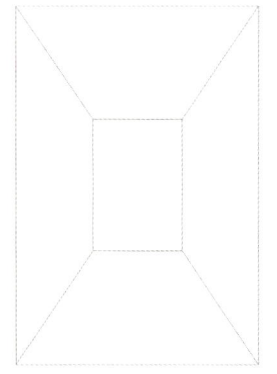

'원근법을 활용하여 내 방 꾸미기' 활동지

  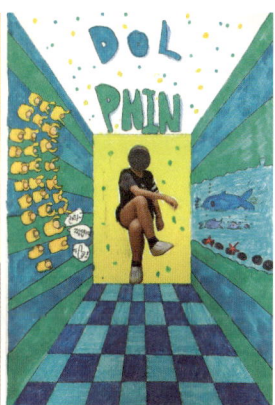

원근법을 활용하여 각자 방을 꾸민 학생들의 작품

활동 10 르네상스 패러디

이 수업은 크게 두 부분으로 이루어져 있습니다. 첫 번째는 감상 수업으로 학생들에게 르네상스의 의미와 이 시대 화가들의 작품을 소개합니다. 레오나르도 다빈치, 미켈란젤로, 라파엘로 등 한 번쯤 들어 보았을 유명한 천재적 미술가들의 이야기는 미술사에 흥미를 불러일으킵니다. 그리고 그들의 작품을 감상하며 작품들의 주요 특징과 표현 등에 대해서 함께 이야기를 나눠 봅니다. 두 번째는 창작 수업으로 라파엘로의 〈아테네 학당〉을 한국의 위인들로 패러디하는 활동입니다. 우리나라 궁궐을 배경으로 〈아테네 학당〉의 화면 구성에 맞춰 바꿔 보세요. 패러디 작품을 만드는 과정에서 우리나라 위인들에 대해 알 수 있으며 위인들을 배치해 보면서 화면 구도에 대한 이해도 깊어질 거예요.

① 레오나르도 다빈치, 미켈란젤로, 라파엘로의 작품 감상하기

수업을 시작하며 르네상스 시대를 간단하게 소개합니다. 게르만족의 침략과 그리스도교 중심이었던 중세 시대를 거치면서 인간이 중심이었던 그리스와 로마의 찬란한 문화는 이탈리아 사람들에게 그리움으로 남게 되었습니다. 이에 이탈리아 피렌체를 중심으로 고대 로마를 이어 과거의 영광을 부흥시키겠다는 운동이 일어났는데, 바로 르네상스입니다. 한편 피렌체에는 메디치라는 부유한 가문이 있었습니다. 이 가문은 문화, 예술, 과학 분야 인사에게 많은 후원을 하였는데 그중에는 라파엘로, 다빈치, 미켈란젤로, 보티첼리, 브루넬레스키, 마키아벨리 등 이름만 들어도 유명한 사람들이 있었습니다. 메디치 가문의 지원 덕분에 예술가들은 금전적 고민 없이 창의적인 작품을 만드는 데 매진할 수 있었고 뛰어난 걸작들이 남게 되었습니다. 르네상스 시대의 설명이 끝나면 감상 수업을 위해 학생들에게 작품을 감상하는 세 가지 관점을 소개합니다.

(1) 표현 방법 관찰하기	작품을 보면서 주인공과 엑스트라를 찾아보고 작가가 주인공과 엑스트라의 형태와 크기, 배치를 어떻게 하였는지 분석해 봅니다.

(2) 인물 또는 대상의 감정 해석하기	작품에 등장하는 인물 또는 대상의 감정을 파악해 봅니다. 어떤 표정과 자세가 사용되었는지 분석하며 그림 속 이야기를 상상해 봅니다.
(3) 자신의 감정과 생각 나타내기	작품을 감상하면서 자신의 감정과 생각을 표현하도록 합니다. 작품이 어떤 인상을 주는지 자신의 이야기를 친구들과 공유합니다.

이제 본격적으로 예술가들과 만나 봅니다. 선생님은 다빈치의 〈최후의 만찬〉, 미켈란젤로의 시스티나 예배당 천장화 중 〈천지창조〉, 라파엘로의 〈갈라테이아의 승리〉 3개의 작품을 프린트해서 준비합니다. 학생들은 모둠을 구성하고 한 명의 예술가를 선택하여 해당하는 작가의 작품을 세 가지 관점에 따라 감상합니다. 해당 작품에 대한 사전 정보 없이 친구들과 토의하며 작품을 분석하고 감상합니다. 예를 들어 〈최후의 만찬〉을 보면 가운데 앉은 예수가 주인공으로 보이고, 양쪽으로 분산되어 자리한 사람들은 엑스트라

〈최후의 만찬〉, 레오나르도 다빈치, 1495-1498

로 보입니다. 작가는 예수를 강조하기 위해 원근법으로 소실점이 예수를 향하게 하여 시선이 자연스럽게 가운데로 몰리게 표현하였습니다. 한편 식사 중인 사람들은 예수를 바라보기보다는 자기들끼리 무언가를 이야기하고 있으며, 예수는 혼자 동떨어진 느낌을 주고 있습니다. 그들은 무슨 이야기를 하고 있는 걸까요? 아이들의 상상력으로 다양한 이야기를 만들어 낼 수 있을 것입니다.

〈천지창조〉, 미켈란젤로 부오나로티, 1508-1512

〈천지창조〉는 시스티나 예배당 천장화 중 아주 일부에 불과합니다. 미켈란젤로는 교황의 명으로 어마어마한 규모의 작업을 수행하게 되었는데, 자신을 화가가 아니라 조각가라고 생각한 미켈란젤로는 처음에 이 의뢰를 거절했다고 합니다. 하지만 결국 천장화를 그리기 시작했고, 무려 4년에 걸쳐 완성했는데 그야말로 미켈란젤로의 천재성을 드러내며 당대 최고의 예술가로 인정받게 되었습니다. 그중 우리가 가장 익숙하게 알고 있는 〈천지창조〉는 하느님이 아담에게 생명을 불어넣는 장면을 담고 있습니다. 최초의 인간이 만들어지는 순간을 손가락이 닿을 듯한 장면으로 표현한 것이죠. 왼쪽 아래에 늘어져 손을 내밀고 있는 아담과 오른쪽 위에서 아담을 향해 손가락을

뻗고 있는 역동적인 신의 모습이 대비됩니다.

〈갈라테이아의 승리〉는 그리스 신화에 등장하는 아름다운 요정 갈라테이아를 그린 작품입니다. 한가운데에 붉은 천을 두르고 조개 수레를 탄 여인이 바로 갈라테이아입니다. 갈라테이아를 향해 활을 겨냥하고 있는 큐피드들, 수레를 끌고 있는 돌고래, 그녀를 둘러싼 여러 바다 신들의 모습은 소용돌이치듯 아주 역동적이면서 복잡해 보입니다. 하지만 그 소용돌이의 중심에 갈라테이아가 있고, 모든 구성이 그녀를 향해 눈길이 닿도록 만들고 있습니다.

〈갈라테이아의 승리〉, 라파엘로 산치오, 1511

감상이 끝나면 모둠별로 자신들이 분석한 내용을 발표합니다. 아이들의 발표가 끝나면 화면의 구도를 정정하거나 원리를 자세하게 설명해 주고, 작가가 의도한 그림의 실제 내용을 알려 줍니다. 자신들이 감상한 내용과 선생님이 설명해 준 내용을 비교하며 작품에 대한 보다 깊은 이해를 할 수 있습니다.

수업 활동지

1. 작품을 보면서 중심 인물과 주변 인물을 찾아보고 중심 인물과 주변 인물이 어떻게 표현되었는지 설명해 봅시다(인물의 형태, 크기, 위치를 분석해 보세요).

2. 작품에 등장하는 인물들이 느꼈을 만한 감정이나 그들이 나눴을 법한 대화를 상상해 보고 그림 속 이야기를 만들어 봅시다.

3. 작품을 감상하면서 어떤 생각이나 느낌이 들었는지 적어 봅시다.

② 한국의 위인들로 만드는 〈아테네 학당〉

16세기, 교황 율리우스 2세는 화가 라파엘로에게 특별한 임무를 부여했습니다. 바로 바티칸궁 내의 방들을 아름답게 장식하라는 것이었죠. 라파엘로는 이 일을 수행하기 위해 다양한 프레스코화(벽화)를 그렸습니다. 그중에서도 가장 눈에 띄는 작품은 교황의 개인 서재인 '서명의 방'을 장식한 작품이었습니다. 이 방은 철학, 신학, 법, 예술 등을 주제로 한 4개의 작품으로 꾸며졌습니다. 그중 〈아테네 학당〉은 철학을 대표하는 작품으로, 라파엘로는 이 작품에 소크라테스, 아리스토텔레스, 플라톤, 피타고라스와 같은 고대 그리스와 로마의 유명한 철학자와 과학자들을 그려 넣었습니다. 이 작품은 다양한 학문 분야의 위대한 사상가들을 한자리에 모아 학문과 지식의 중요성을 강조하며, 르네상스 시대의 지식과 인문학적 혁명을 상징적으로 표현한 작품입니다.

〈아테네 학당〉은 고대의 대학자들을 한자리에 모은 상상화로 아이들의

〈아테네 학당〉, 라파엘로 산치오, 1510-1511

이해를 돕기 위해 다양한 영웅들이 모인 영화 〈어벤져스〉에 비유하여 설명할 수 있습니다. 작품의 구도를 살펴보면 〈최후의 만찬〉과 같이 중앙으로 소실점이 모이는 원근법을 적용한 것을 알 수 있으며 작품의 중앙에 서 있는 두 철학 거장 플라톤과 아리스토텔레스를 강조하고 있습니다. 두 거장의 왼쪽에는 괴팍한 표정으로 무언가 열심히 말하고 있는 소크라테스와 그의 제자들이 보이며 왼쪽 하단에는 여러 무리 중에 수학자 피타고라스가 두꺼운 책에 무언가를 적고 있습니다. 오른쪽 하단에는 청년들에게 둘러싸인 노학자 유클리드가 컴퍼스로 무언가를 그리고 있습니다.

〈아테네 학당〉의 배경과 인물들의 전체적인 구도에 대해 설명한 후 이 작품을 아이들에게 친숙한 우리나라 위인들로 바꾸어 그릴 수 있습니다. 우리나라의 전통적인 한옥이나 궁궐 이미지를 A3 사이즈로 프린트하여 배경으로 놓고, 여기에 우리나라 위인 중 어떤 인물을 선정하여 어디에 배치할지 계획합니다. 평소 존경하던 인물이 누구인지 떠올려 보고 생각이 잘 나지 않는다면 「한국을 빛낸 100명의 위인들」 노래도 함께 불러 보세요.

자신이 그리고 싶은 위인을 정했다면 태블릿 PC나 스마트폰, 위인전 속 그림 등을 통해 자신이 선택한 위인의 이미지를 참고하여 캐릭터를 그립니다. 인물의 특성을 파악하여 얼굴과 자세를 그리면 좋겠죠? 만약 학자라면 열심히 탐구하는 모습을, 독립운동가라면 만세 운동 중이거나 비장한 표정을 지은 모습이 어울리겠네요. 캐릭터를 완성하면 가위로 자릅니다. 이후 작품의 구도를 생각하며 어디에 누구를 어떻게 배치할지 친구들과 논의합니다. 비슷한 시대나 분야에서 활동한 위인들끼리 묶을 수도 있고, 업적이 비슷한 위인들끼리 함께 배치할 수도 있으며, 큰 업적을 남긴 위인을 작품의 중심에 두고 강조할 수도 있습니다. 구성에 대한 논의를 마쳤다면 각자의 인물

〈아테네 학당〉의 원근법을 참고하여 한국의 위인들로 꾸민 학생 작품

을 배경에 붙여서 작품을 완성합니다.

    르네상스는 과거의 찬란했던 문화를 떠올리며, 다시 그때의 문화를 이어 가기 위해 생겼습니다. 하지만 르네상스 시대 예술가들은 과거를 그대로 따라 하는 것이 아니라 그 누구보다 치열하게 연구하고 탐구하여 작품을 만들었어요. 인체와 자연을 탐구하고 원근법과 인체해부학 같은 과학적인 결과로 그림을 그려 객관적으로 사실적인 표현이 가능하게 되었습니다. 그리하여 이전까지는 그저 기술자에 불과했던 화가, 조각가들이 자신의 이름을 걸고 칭송받는 예술가가 되었답니다.

4장 사실주의: 내가 원하는 것은 하나, 바로 진실!

● **작품 감상**

〈돌 깨는 사람들〉, 귀스타브 쿠르베, 1849

전쟁을 이끈 영웅, 신화 속 고귀한 신들, 값비싼 옷을 입은 부유한 귀족들…. 원래 그림 속 등장하는 수많은 사람은 전부 고상한 사람들이었어요. 여기에 문제를 제기한 사람들이 있었으니, 바로 사실주의자들입니다. 밀레, 쿠르베, 도미에 같은 화가들은 우리가 살고 있는 시대 속의 현실을 그리고 싶었어요. 아름다움을 표현하기 위해서나 사람들에게 즐거움을 주는 그림이 아니라 꾸밈없고 소박할지라도 평범한 사람들의 자연스러운 삶을 나타내고 싶었던 거예요. 밀레의 〈이삭 줍는 사람들〉이란 작품을 모두 알고 있죠? 이 그림 속에서는 세 명의 여인이 넓은 들판에서 이삭을 줍고 있습니다. 어떠한 대단한 이야기도 없지만, 오히려 이 자연스러운 일상의 모습에서 평범한 사람들의 품위와 고귀함을 느낄 수 있어요.

  이렇게 기존의 그림들과 다르게 평범한 사람들을 사실대로 그리고 싶었던 귀스타브 쿠르베는 '사실주의'라는 이름을 붙여 개인 전시회를 열었어요. 여기에서 말하는 '사실'은 실제와 똑같이 묘사하는 '방법'적인 것이 아니라 화가가 보여 주고 싶은 '내용'과 관련이 있습니다. 작품에 등장하는 사람들과 모습이 꾸며 낸 것이 아니라 실제 삶과 생활을 사실적으로 나타냈다는 의미입니다. 전시회를 보러 온 사람들은 모두 깜짝 놀랐어요. 주변에서 쉽게 볼 수 있는 가난한 사람들의 일상적인 모습, 심하게 말하면 아름답지 않고 지저분한 모습을 보러 전시회까지 오는 사람은 없었거든요. 하지만 쿠르베는 부유한 사람들의 좋은 모습만 그려서 보여 주는 것보다 가난한 노동자들의 모습을 그려서 보여 주는 것이 더 좋은 세상을 만드는 길이라고 믿었어요.

  쿠르베의 그림 중 앞서 등장한 〈돌 깨는 사람들〉을 함께 감상해 볼까요? 작품의 배경은 돌을 캐는 채석장이고, 그곳에서 일하는 두 명의 노동자가 보입니다. 얼굴이 직접적으로 보이지는 않지만 왼쪽에 멜빵을 멘 사람은 다소 나이가 어린 소년처럼 보이고, 오른쪽 사람은 나이 든 노인처럼 보이네요. 소년은 무거운 돌을 힘겹게 옮기고 있습니다. 축 처진 어깨와 찢어지고 흘러내린 옷에서 지침이 느껴집니다. 노인의 상황도 다르지 않습니다. 찢어진 조끼와 양말, 메마른 손등, 힘겨운 망치질에서 그의 가난한 삶을 느낄 수 있어요. 이 시기 많은 노동자는 산업혁명으로 인해 일자리를 잃었습니다. 그들에게 남은 일자리란 힘은 힘대로 들고, 큰돈은 벌 수 없는 돌 캐는 일 같은 것이었죠. 쿠르베와 사실주의자들은 이런 현실 속 문제를 거짓 없는 그림으로 사람들에게 보여 주고 싶었던 거예요.

● 주요 구성

1	사실주의 기법 이해하기	• 사실주의 작품 감상하며 이해하기 • 사실주의 작품 속 인물 마음을 상상하며 말풍선 붙이기
2	온라인 사실주의 미술관	• 작품계획서 작성하기 • 일상을 사진으로 담아 온라인 미술관 열기

● 활동 설명

활동 11 사실주의 기법 이해하기

"나에게 천사를 그리라고 요구하려면 천사를 보여 달라"던 쿠르베의 말처럼, 사실주의는 당대의 일상을 보이는 그대로 화폭에 충실히 재현하는 데 집중했습니다. 특히 화폭에 살아 숨 쉬듯 움직이고 있는 사람들은 사실주의 작품의 핵심 중 핵심입니다. 아무 때나 톡 건들기만 해도 개성 넘치는 표정과 행동으로 자기 이야기를 막 쏟아낼 것 같은 생동감이 작품의 사실성을 극대화해 주기 때문이죠. 지금 소개하는 '상상 말풍선' 활동은 이러한 사실주의의 특성에 초점을 맞춘 감상 활동입니다.

① 사실주의 작품 감상하기

먼저 대표적인 사실주의 작품들을 함께 감상합니다. 추천 작품들은 다음과 같습니다.

화가	작품명
도미에	〈삼등 열차〉, 〈행인들〉
쿠르베	〈돌 깨는 사람들〉, 〈센강 변의 아가씨들〉, 〈오르낭의 매장〉
밀레	〈씨 뿌리는 사람〉, 〈이삭 줍는 여인들〉, 〈만종〉

위 작품들을 감상하며 이전 시대의 미술 사조와 다른 사실주의 미술의 특징을 파악합니다. 이해를 돕기 위해 아이들에게 신고전주의 미술 작품인 다비드의 〈소크라테스의 죽음〉과 쿠르베의 〈안녕하세요, 쿠르베 씨〉를 동시에 보여 줍니다. 그리고 어떤 차이점을 발견했는지 물어보면 "평범한 사람이 등장해요", "사진을 찍은 것처럼 사람들의 모습을 자연스럽게 그렸어요."라고 대답할 것입니다. 사실주의 작품의 핵심을 정확히 파악한 셈이죠. 이러한 답변을 토대로 사실주의 미술은 "눈에 보이는 것만 그린다."는 특징을 함께 이해할 수 있습니다.

② 작품 속 인물들의 마음 상상하고 말풍선 붙이기

모둠별로 각각 다른 사실주의 미술 작품을 하나씩 나눠 줍니다. 아이들은 작품 속 인물들을 자세히 관찰합니다. 이때 인물의 표정과 행동은 어떤지, 인물이 어떤 상황에 처했는지, 나라면 어떤 생각을 할 것 같은지를 생각하며 관찰할 수 있도록 독려합니다. 혼자 관찰하는 것보다 모둠원이 함께 관찰할 때 미처 살피지 못한 부분까지 자세히 확인할 수 있으므로 서로 자유롭게 이

귀스타브 쿠르베의 1854년 작품 〈안녕하세요, 쿠르베 씨〉 속 인물들에게 말풍선 붙이기

야기하는 분위기 또한 허용해 주는 것이 좋습니다.

관찰을 끝냈다면 말풍선 붙이기 활동을 합니다. 각자 포스트잇에 작품 속 인물이 했을 법한 말이나 생각들을 적어 인물 근처에 붙입니다. 모둠원이 어떤 말풍선을 붙였는지 살펴보고 왜 이렇게 썼는지 이야기 나눕니다.

③ 모둠 시계 돌리기

모둠 활동이 끝났다면 '모둠 시계 돌리기'를 합니다. 작품은 책상에 그대로 둔 상태에서 시계 방향으로 자리를 옮겨 앉습니다. 다른 모둠 책상에 놓인 사실주의 작품을 감상하고, 말풍선에 어떤 내용이 적혀 있는지 살펴봅니다. 인상 깊은 말풍선을 찾아 보고, 추가하고 싶은 말풍선이 있다면 추가합니다. 3~5분 정도 활동을 진행한 후, 다시 모둠별로 자리를 바꿔 앉습니다. 이런 방식으로 모둠 시계 돌리기를 하며 작품을 감상한 뒤 처음 시작했던 모둠으로 돌아옵니다. 모두 돌아오면 어떤 작품이 가장 인상 깊었는지 서로 이야기 나누게 합니다. 이를 통해 아이들은 자연스럽게 사실주의 작품들을 감상하게 될 뿐 아니라 사실주의 미술의 개성과 특징을 정확하게 이해할 수 있습니다.

활동 12 **온라인 사실주의 미술관**

'상상 말풍선' 활동으로 사실주의 미술 작품들을 충분히 감상했다면 이제는 표현 활동을 해 볼 차례입니다. '보이는 그대로'의 모습을 화폭에 담아내는 사실주의 미술은 쉬운 듯하지만, 표현하기 굉장히 까다롭습니다. 특히 그림 그리기에 자신이 없는 아이들은 아예 시도조차 하지 못하는 경우가 많죠. 그래서 사실주의 표현 활동은 미술 교과의 '사진' 수업과 연계하여 진행하면 좋습니다. 대상을 있는 그대로 드러내는 사진 수업이 사실주의 사조와 일맥상통할뿐더러 그림 그리기 실력과 관계없이 양질의 결과물을 만들어 낼 수 있어, 아이들의 만족도 역시 굉장히 커진답니다.

① 작품계획서 작성하기

사실주의 미술을 사진으로 옮겨 담을 때, 가장 공들여야 하는 부분이 바로 작품계획서 작성입니다. 작품계획서 없이 사진을 찍으라고 하면 아이들 대부분은 평소처럼 눈이 닿는 대로 아무렇게나 사진을 찍기 일쑤입니다. 이렇게 하다 보면 미술 표현 활동의 의미를 찾기가 쉽지 않지요. 그래서 반드시 어떤 콘셉트로 사진을 찍을지 작품계획서를 통해 미리 구상하고 난 뒤 찍도록 안내하면 좋습니다. 사실주의 작품 중에는 화가의 문제의식이나 가치관을 담은 그림들이 많았습니다. 산업혁명 이후 힘들어진 노동자의 모습, 가난하고 소박하지만 경건함을 잃지 않은 농부들의 일상을 그린 것처럼 말이에요. 아이들은 이런 사실주의의 특징을 염두에 두고 작품계획서를 작성하며 '문제의식을 느끼고 바라봐야 하는 장면', '오래 기록해 놓으면 좋은 장면'이 무엇인지를 고민합니다. 이는 결과적으로 표현활동 결과물의 질을 높이는 데 큰 도움이 된답니다.

작품 계획서

1. 내가 찍고 싶은 상황이나 물건을 간단히 그려 보세요.

2. 위에서 떠올린 상황이나 물건을 찍고 싶은 이유가 무엇인지 최대한 자세하게 적어 보세요.

3. 이 작품을 통해 전달하고 싶은 메시지를 한 문장으로 정리해 보세요.

② 일상 사진 담기

작품계획서를 모두 작성했다면 각자 구상한 장면을 담은 사진을 찍습니다. 아이들이 사진을 찍을 때는 교실 밖을 돌아다니면서 최대한 자유롭게 활동할 수 있도록 허락해 주세요. 활동 시간은 15분에서 20분 정도가 적당합니다. 단, 친구들끼리 몰려다니면서 잡담을 하거나 장난을 치도록 두어서는 안 됩니다. 활동을 시작하기 전에 주의해야 할 점들을 미리 안내하고 불편한 상황이 벌어지지 않도록 함께 약속합니다.

작품계획서에 따라 찍은 사진을 미술 작품처럼 표현하고 싶다면 '포토 스케치 메이커(Photo Sketch Maker)'라는 앱을 사용하면 좋습니다. 사진을 찍고 난 뒤, 앱에 업로드하기만 하면 자동으로 그림처럼 바꿔 주기 때문에 사실적이면서도 그림 같은 느낌의 결과물을 얻을 수 있습니다. 여러 가지 그림체를 지원하는 것도 큰 장점입니다.

③ 온라인 미술관 열기

마지막으로 각자 찍은 작품들을 함께 감상할 차례입니다. 에듀테크 도구를 활용해서 온라인 미술관을 열면 서로의 작품을 쉽게 감상할 수 있을 뿐 아니라, 적극적인 피드백을 줄 수 있어 반응이 좋습니다. 가장 손쉬운 방법은 패들렛을 활용하는 방법입니다. 패들렛 형식 중 '타임라인'을 선택해 제목과 배경을 간단히 설정해 줍니다. 아이들은 작품을 완성하는 대로 패들렛에 접속하여 자신의 작품을 업로드합니다. 패들렛에 접속할 때는 QR 코드를 통해 접속하도록 안내하면 훨씬 수월합니다. 작품을 업로드하고 난 뒤에는 작품의 제목과 이 사진을 찍은 이유, 이 사진을 통해 전달하고 싶은 메시지가 무엇인지를 정리해서 쓰도록 합니다.

모든 아이가 자신의 작품을 패들렛에 업로드했다면 '댓글'과 '좋아요'로 피드백을 주고받게 합니다. 날카로운 비평이 아니라 친구의 작품을 응원하고 격려하는 댓글을 적게 하는 것이 좋습니다. 이렇게 만든 온라인 전시회는 가정에서도 공유해 보세요. 아이들만의 독창적인 시선이 담긴 작품을 보며 '우리 아이들이 이런 작품을 만들 수 있네요!' 하고 놀라는 학부모들이 많답니다.

온라인 전시회(패들렛).

사실주의 미술 수업이 끝나고 난 뒤, 한 아이는 이런 수업 감상문을 남겼습니다.

"오늘 사실주의 미술에 대해서 배웠다. 사진도 찍고 전시회도 열어서 정말 재미있었다. 그런데 더 재밌었던 점은 평소에 관심을 갖지 않던 것에 관심을 가진 점이었다. 내가 관심을 두니 그것들이 모두 미술 작품이 되는 것이 신기했다. 이제는 핸드폰만 보지 말고 내가 생활하는 곳에 더 많이 관심을 쏟아야겠다."

눈앞에 펼쳐진 일상의 아름다움과 진실을 깨달은 이 아이의 마음이 당시 사실주의 화가들의 마음이 아니었을까요? 지금이라도 당장 아이들과 함께 밖으로 나가 보세요. 평소에 무심코 지나쳤던 수많은 이야기가 곳곳에 반짝 거릴 테니까요.

사실주의 수업에서 쓰기 좋은 수업 도구

1) 그림책 『동행』(우유수염 글·그림, 단비어린이, 2022)

『동행』은 홀로였던 한 남자가 한 여자를 만나서 가족을 이루어 가는 과정을, 남자의 집에 있는 소파의 시선으로 그려 낸 그림책입니다. 소파에서 지내는 사람들의 모습을 사실적으로 그려 내는 과정에서 자연스럽게 가족의 의미와 사람과의 관계를 생각해 보게 하지요. 사실주의 사조를 이해하는 데 도움이 되는 그림책입니다.

2) 그림책 『나는 지하철입니다』(김효은 글·그림, 문학동네, 2016)

지하철역을 오가는 수많은 사람. 그 사람들의 표정에는 일상을 살아가는 고된 흔적과 옅은 희망이 진하게 새겨져 있습니다. 도미에의 〈삼등 열차〉와 함께 감상하면 참 좋은 그림책이랍니다.

3) 온라인 미술관 만들기, 에듀테크 도구 '스페이셜'

패들렛보다 조금 더 그럴듯한 온라인 미술관을 만들고 싶다면 '스페이셜'(www.spatial.io)을 추천합니다. 간단한 회원 가입을 통해 누구나 쉽게 나만의 미술관을 만들 수 있거든요. 그림이나 사진을 업로드하는 것도 매우 간단하고 링크를 통해 수많은 사용자를 초청하는 것 또한 가능합니다. 아이들이 교실을 넘어 더 많은 사람과 메타버스 세계를 누려 보고 싶어 한다면 함께 도전해 보세요.

5장 인상주의: 머리가 아닌 눈으로 그리다

● 작품 감상

〈파리의 생라자르 역〉, 클로드 모네, 1877

19세기 산업혁명 시대에 예술가들에게 가장 큰 위기감을 주었던 발명품은 역시나 사진기였습니다. 그림을 그리지 않아도 그 순간과 모습을 남길 수 있는 방법이 생겨난 것이죠. 심지어 화가가 그림을 그리는 속도보다 빨랐으니, 당시 화가들은 큰 충격을 받았습니다. 하지만 사진기가 사실적인 묘사를 대신한 덕분에 화가들의 관심은 아직 누구도 발 디딘 적 없는 영역으로 모이기 시작했습니다. 이때 등장한 위대한 사람들이 바로 '인상주의'자들입니다.

에두아르 마네와 친구들은 지금까지의 그림이 무언가 잘못되었다는 것을 깨달았습니다. 전통적으로 그려진 그림들과 실제 모습에 큰 차이가 있다는 것을 발견한 것입니다. 이때까지의 그림들은 주로 실내에서 그려졌습니다. 그런데 실내에서 보던 물건을 바깥의 강렬한 햇빛 아래에서 보니 생각보다 명암이 확실하지도 않았고, 모습이 입체적이지도 않았습니다. 검은색으로 표현하던 그림자도 항상 검게만 보이는 것은 아니었어요. 지금까지 화가들은 눈에 보이는 대로 그린 것이 아니라 이미 알고 있는 것을 그리고 있었던 거예요. 눈이 아니라 머리로 그리고 있었던 것이죠.

클로드 모네는 전통적인 방법을 버리고 이 위대한 발견을 거친 표현 방식으로 자신의 작품에 나타냈어요. 모네는 눈에 보이는 것을 그리기 위해서 야외에 나가서도 그리려는 순간이 보이지 않으면 그림을 그리지도 않았대요. 거기에 계속 변하는 자연을 빨리 그리려다 보니 부드럽게 그림을 마무리할 수도 없었습니다. 대표적인 작품이 아주 유명한 〈인상: 해돋이〉입니다. 전통을 저버린 모네의 작품들은 너무나 당연하게도 출품한 모든 전시에서 거부당하고 맙니다. 마네와 모네 같은 화가들은 낙선한 작품들을 모아 전시회를 열었어요. 그리고 당시 비평가들은 작품들을 비웃으며 전시회에 참여한 모든 화가를 '인상주의자'라고 부르기 시작했어요. 조롱 섞인 이 별명이 이들을 대표하는 사조가 되었고 우리 모두가 알 정도로 유명해졌습니다.

그런데 모네가 꼭 자연만 그린 것은 아니었습니다. 일상의 풍경을 담은 〈파리의 생라자르 역〉을 함께 감상해 볼까요? 기차가 순간 커다란 연기를 뿜어내며 곧 흩어지려 하고 있어요. 연기 때문인지 풍경이 흐릿하게 보입니다. 생라자르 역의 지붕은 유리로 되어 있네요. 유리를 통해 햇빛이 들어와 기차의 레일이 번쩍거립니다. 모네는 이 연기와 햇빛의 순간을 포착하여 눈에 보이는 것을 그림에 담아내려고 했습니다. 풍경화는 자연에만 존재했었는데, 모네는 일상생활을 풍경처럼 그릴 수도 있었어요. 이 풍경이 너무 혼란스럽고 어지럽게만 보인다고요? 한 발 물러서서 감상해 보세요. 서로 조화롭지 않게 따로따로 보이던 색들이 언제 그랬냐는 듯 하나로 보이기 시작할 거예요.

자, 그럼 인상주의자들은 결국 어떻게 되었을까요? 계속 인정받지 못하다 결국 쓸쓸히 사라졌을 것 같지만 그들의 발견은 생각보다 빨리 미술계에 받아들여졌습니다. 모네는 프랑스에서 가장 성공한 화가가 되었어요. 비평가들이 패배하고 인상주의자들이 승리한 거예요.

● **주요 구성**

1	색으로 말해요	• 인상주의가 생기기 전의 관점 이해하기 • 이미 알고 있는 색으로 퀴즈 내고 맞히기
2	색을 보아요	• 인상주의에 대해서 이해하기 • 눈으로 색을 관찰하고 색상표에서 찾기
3	노을 모자이크	• 인상주의 작품 만들기 • 노을 사진을 보고 색종이를 잘라 모자이크 작품 만들기

● **활동 설명**

활동 13 색으로 말해요

인상주의의 핵심은 '우리가 알고 있는 색을 표현하는 것이 아니라 눈에 보이는 색을 표현하는 것'입니다. 그래서 먼저 우리가 지금까지 보이는 색이 아니라 알고 있는 색에 얼마나 의존했는지 경험할 필요가 있습니다. 그래야 뒤에 수행할 활동에서 색을 머리로 인식하는지 눈으로 관찰하는지 구분할 수 있거든요. 이 활동에서는 이미 알고 있는 색으로 서로 퀴즈를 내고 맞히며 색에 대한 흥미를 키울 수 있습니다. 과일, 음식, 물건, 캐릭터 등 다양한 분야에서 퀴즈를 낼 수 있는데, 색만 보고 무엇인지 알아맞히는 재미있는 경험을 하게 됩니다.

① '나는 무엇일까요?' 문제 맞히기

먼저 파워포인트에 준비된 문제를 맞히는 활동을 합니다. 파워포인트 슬라이드 위에 몇 가지 색이 제시됩니다. 예를 들어 화면에 빨강, 초록, 검정, 하얀색이 보입니다. 학생들은 제시된 색만 보고 대상을 맞히면 되는데, 너무 어렵다면 과일, 동물, 음식 등 정답의 주제를 힌트로 줄 수 있어요. 힌트가 과일이라면 정답은 무엇일까요? 속이 빨간색과 하얀색으로 차 있고, 초록색과 검

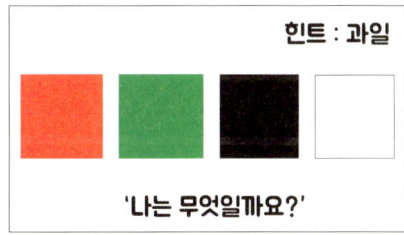
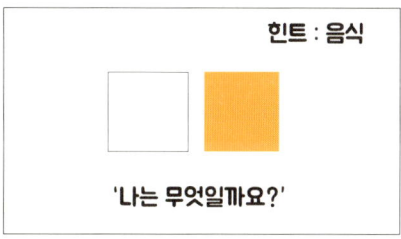

파워포인트 퀴즈

은색의 껍질로 덮인 과일… 정답은 바로 수박입니다! 한 문제를 더 풀어 볼까요? 하얀색, 노란색으로 이루어진 음식은 무엇일까요? 정답은 달걀입니다. 이렇게 여러 퀴즈를 풀면서 우리는 이미 대상의 색을 알고 있다는 점을 깨닫고, 나라면 어떤 퀴즈를 낼지 미리 생각해 봅니다.

② 직접 문제 내기

이번에는 직접 문제를 내는 활동을 해 봅니다. 활동지 카드에는 색을 최대 5개까지 칠할 수 있는 빈칸이 있습니다. 색연필이나 사인펜으로 칸을 색칠하며 직접 문제를 낼 수 있습니다. 앞서 풀었던 문제와 마찬가지로 쉽게 맞힐 수 있도록 주제 힌트를 적습니다. 문제를 낼 때 주의할 점은 친구들이 쉽게 맞힐 만한 문제를 내야 한다는 점입니다. 예를 들어 유명하지 않은 게임 캐릭터로 문제를 낸다면 친구들이 맞힐 수 없겠죠? 너무 어려운 문제보다는 쉽게 맞힐 수 있는 문제여야 친구들이 재미있게 참여할 수 있다는 점을 알려 줍니다. 문제를 다 냈다면 짝 또는 모둠끼리 서로 문제를 내고, 그 후에는 활동지 카드를 들고 다니며 서로 문제를 내고 맞힙니다. 이때 스티커를 나누어 주고 정답을 맞히면 카드에 스티커를 붙이게 할 수도 있습니다.

활동지 카드가 아니라 색종이를 이용하여 색을 고르고 칠판에 붙여 활동할 수도 있습니다. 이렇게 하면 학급 전체가 함께 문제를 맞힐 수 있습니다.

수업 활동지

◆ 대상을 정하고 색으로 퀴즈를 내 봅시다. 색은 최대 5개까지!

힌트 (   )

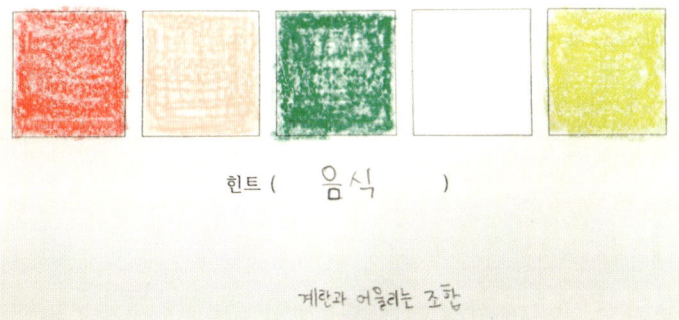

파워포인트 퀴즈 활동 예시

활동 14 색을 보아요

로웬펠드의 미술 표현 발달 단계에 따르면 미술 표현 발달 단계는 난화기, 전도식기, 도식기, 또래집단기, 의사실기, 결정기의 총 6단계로 구분됩니다. 그중 3단계인 도식기에서는 도식적인 표현만 할 수 있고 4단계 또래집단기를 거쳐 5단계인 의사실기에 들어서야 사실적인 표현을 할 수 있게 됩니다. 이때 적절하게 미술 지도를 하지 않으면 확장적인 사고를 할 수 없으며 다음 단계로 넘어갈 수 없다고 말합니다. 색채 표현도 마찬가지로 도식적인 색채와 사실적인 색채가 존재합니다. 이것을 구분 짓고 사실적인 표현을 할 수 있도록 지도할 필요가 있습니다. 이 활동이 아이들의 색채 감각을 확장시킬 기회를 줄 것입니다.

앞선 활동에서 알고 있는 색을 탐색했다면 이번 활동에서는 눈으로 색을 관찰합니다. 알고 있는 색이라 생각했지만 자세히 관찰해 보면 대상은 실제로 몇 가지의 색이 아니라 훨씬 많고 다양한 색으로 이루어져 있다는 사실을 알아야 합니다. 눈으로 확인하기 위해서 사진 속에서 발견한 색을 색상표에서 찾아 붙이며 사과가 빨간색만이 아님을, 하늘이 파란색만이 아님을 깨닫게 됩니다.

① 풍경 및 정물 사진 관찰하기

사과, 나무, 하늘 등 우리에게 익숙한 대상을 찍은 사진을 관찰합니다. 제시하는 사진은 다양한 색으로 이루어진 정물이나 풍경을 담은 사진이어야 합니다. '색으로 말해요' 활동에서 빨간색, 살구색으로 사과를 떠올렸다면 이번에는 실제 사과 사진을 관찰하면서 사과에는 그보다 훨씬 다양한 색이 있다는 걸 알게 됩니다. 아마 정물화 중에서 가장 유명한 작품이 세잔의 〈사과와 오렌지〉일 것입니다. 세잔은 사과 정물화를 많이 그렸는데 세잔이 그린 사과를 보면 색이 아주 다양합니다. 덜 익은 사과부터 빨갛게 잘 익은 사과, 너무 오래 지나 색이 바랜 사과까지 시간이 흐르면서 사과의 색이 변하는 것을 표현했죠. 이 활동에서 관찰하는 사과 사진도 마찬가지입니다. 선명하게 프린트된 사진을 보면 노란색, 연두색, 갈색, 주황색 등 다양한 색이 존재합니다. 이번엔 나무를 관찰해 볼까요? 나무의 줄기를 보면 갈색, 고동색, 심지어 아주 어두운 검정에 가까운 색도 존재합니다. 나무의 잎사귀는 어떤가요? 아이들은 초록색이라는 이름으로 뭉뚱그려진 수많은 색의 존재를 알게 될 거예요.

풍경 및 정물 사진

② 색상표에서 색을 찾아 사진에 붙이기

이제 여러 가지 색의 작은 정사각형이 모여 있는 색상표를 나누어 줍니다. 마음에 드는 사진 한 장을 고르고 사진을 관찰하면서 발견한 색과 가장 비슷한 색을 색상표에서 찾아 가위로 오려서 사진 위에 붙입니다. 이렇게 최대한 많은 색을 찾아 붙이며 하나의 대상이 수많은 색으로 이루어져 있고, 우리도 표현 활동을 할 때 한 가지 색이 아니라 여러 가지 색을 사용하여 표현할 수 있음을 알려 줍니다. 이 활동을 하고 나면 무엇이든 색칠할 때 적어도 세 가지의 색을 섞어서 사용하려고 노력하는 아이들의 달라진 모습을 볼 수 있습니다.

'색상표에서 색 찾기' 활동지

활동 15 노을 모자이크

우리 주변에서 가장 흔하게, 가장 다양한 색을 관찰할 수 있는 건 무엇일까요? 바로 저녁노을이 진 하늘일 거예요. 시간의 흐름에 따라 하늘색, 주황색, 분홍색, 보라색 등 다양한 색이 나타나 아름다운 풍경을 이룹니다. 이 활동에서는 '색을 보아요' 활동에서 연습했던 것을 실제 작품으로 표현하게 됩니다. 모둠에서 노을 사진 하나를 골라 무슨 색이 보이는지 토의합니다. 토의하여 결정된 색을 색종이에서 찾아 잘라 작품으로 표현합니다. 색을 관찰하여 찾아내는 연습을 했기 때문에 활동 과정이 수월하고 완성도 높은 작품이 됩니다.

① 노을 사진 관찰하고 작품 구상하기

세로로 길게 출력된 노을 사진을 준비합니다. 사진마다 분홍색과 보라색이 두드러진 노을도 있고, 주황색이나 검푸른색이 두드러진 노을도 있습니다. 여러 노을 사진 중 모둠 친구들과 상의해서 가장 마음에 드는 사진 하나를 고르도록 합니다. 모둠에서 고른 사진을 함께 보며 '색을 보아요'에서 했던 것처럼 보이는 색을 찾아냅니다. 이번에는 색상표에서 색을 찾는 게 아니라 가장 비슷한 색을 주어진 색종이에서 찾습니다. 색종이는 최대한 여러 색으로 준비하면 좋은데, 특히 파스텔 색종이를 사용하면 하늘과 가장 비슷한 색감을 나타낼 수 있습니다. 작품에 어떤 색을 사용할 것인지 정하고, 그 색을 어느 경계까지 붙일 것인지 모둠 친구들과 함께 작품을 구상합니다.

노을 사진을 활용하여 작품 구상하기

② 노을 모자이크 작품 완성하기

작품에 사용할 색종이를 정했다면 색종이를 삼각형 모양으로 자릅니다. 크기와 모양은 자유롭게 하되 크기가 너무 작으면 작품을 완성하는 데 오랜 시간이 걸리고, 반대로 너무 크면 작품의 완성도가 떨어집니다. 손가락 두 마디 정도의 적당한 크기로 자릅니다.

4절지를 길게 반으로 자른 도화지에 색종이를 붙입니다. 사진과 비교해가며 비슷한 위치에 색종이를 붙이고, 어디에서 다른 색을 붙일지 생각하며 붙입니다. 색이 바뀔 때 색의 경계가 너무 뚜렷하면 보기 좋지 않습니다. 색의 경계가 너무 나뉘지 않고 자연스럽게 색이 바뀔 수 있도록 경계에서는 두 색을 섞어서 배치하면 자연스럽습니다.

스카이라인을 활용한 학생의 작품

색종이를 다 붙였다면 검은 도화지를 이용해서 실루엣을 잘라 아래에 붙입니다. 사진에 없는 풍경을 잘라도 좋습니다. 심화 수업으로 아름답고 조화로운 스카이라인을 지도할 수도 있습니다. 스카이라인은 하늘과 경계를 이루는 윤곽선을 말합니다. 도시 풍경이라면 길고 높은 건물들이 많아서 높고 낮음이 반복되는 스카이라인을 만듭니다. 같은 건물이라도 배치를 어떻게 하는지에 따라 각자 다르고 개성 있는 스카이라인이 만들어집니다. 반면 도시 외곽이라면 비슷한 높이의 건물들과 산 등으로 단조롭고 수평에 가까운 스카이라인이 생깁니다. 특정 도시의 풍경이라고 가정하고 그 도시를 상징하는 건물의 실루엣을 중심으로 스카이라인을 꾸밀 수도 있습니다. 서울, 뉴욕, 런던, 도쿄 등의 스카이라인을 예시 사진으로 보여 주면 실루엣을 만드는 데 도움이 됩니다. 건물이 아니라 나무나 사람 등의 실루엣을 만들어도 멋진 작품이 돼요. 작품이 완성되면 모든 모둠의 작품을 하나로 이어 줍니다. 아주 멋진 모자이크 벽화가 완성되었어요!

이번 활동을 통해 학생들은 '인상주의'가 무엇인지 몸과 마음으로 확실히 느끼게 되었습니다. 일상에서 마주하는 색들을 몇 가지 색으로 뭉뚱그려 바라보지 않고 여러 색으로 바라봄으로써 다양성 넘치는 경이로운 세상을 마주하게 됐으니까요. 수업을 마치며 아이들에게 꼭 이렇게 이야기해 주세요. 우리 사는 세상이 이렇게 다채롭다고, 우리 주변 일상이 이토록 다양하다고. 그러니 우리 모두 개성 넘치는 색을 자랑하며 아름답게 어울려 살자고요.

인상주의 수업에서 쓰기 좋은 수업 도구

1) 온라인 직소 퍼즐 만들기

온라인 직소 퍼즐 사이트

인상주의 감상 수업을 할 때 인상주의 작품으로 퍼즐을 만들어 맞추면 재미있는 활동 수업이 됩니다. 인상주의 작품은 경계가 흐릿하고 뚜렷하지 않기 때문에 퍼즐로 만들면 난도가 높고 재미있는 게임이 됩니다. 구글에서 퍼즐을 만들 작품을 검색하고 오른쪽 마우스를 클릭하여 '이미지 주소 복사'를 합니다. '직소 익스플로러 퍼즐 플레이어(jigsaw explorer puzzle player)' 사이트에서 작품의 링크를 업로드하면 퍼즐이 만들어지고 이를 공유할 수 있는 링크도 생성됩니다. 태블릿 PC를 이용하여 각자 퍼즐을 맞춰 볼 수도 있고 멀티 플레이어 모드로 여럿이 퍼즐을 맞출 수도 있습니다. 퍼즐 조각 개수도 정할 수 있어 난이도 조절이 가능합니다.

2) 그림책 『이 색 다 바나나』(제이슨 풀포드 글 / 타마라 숍신 그림, 봄볕, 2022)

'바나나는 노란색일까?', '풀은 항상 초록색일까?'라는 질문에 다양한 색으로 대답하는 그림책입니다. 평소에 눈여겨보지 않던 대상들이 그림책을 본 다음부턴 여러 색으로 머리에 가득 차는 경험을 하게 될 거예요. '색을 보아요' 수업 전후에 함께 읽으면 동기유발이나 활동 정리에 도움이 됩니다.

3) 그림책 『그리는 대로』(피터 H. 레이놀즈 글·그림, 나는별, 2017)

그림 그리기를 좋아하는 주인공 '마리솔'이 친구들과 함께 벽화를 그리게 되면서 생기는 고민을 해결하는 과정을 담았습니다. 하늘을 그리려고 하늘을 바라보는데 하루 동안 너무 많은 색을 관찰하게 되죠. 마리솔과 친구들은 과연 어떤 색으로 벽화를 완성하게 될까요? '노을 모자이크' 활동 전에 함께 읽으면 도움이 되는 그림책입니다.

6장 후기 인상주의: 인상주의에서 벗어나 각자의 길을 걷다

● **작품 감상**

〈씨 뿌리는 사람〉, 빈센트 반 고흐, 1888

고흐, 고갱, 쇠라… 이들에게는 모두 '후기 인상주의'라는 이름이 붙지만 세 사람 모두 개성이 강합니다. 작품을 봐도 서로 다른 느낌을 주죠. '후기 인상주의'라는 이름은 이들이 모두 세상을 떠난 뒤 전시회를 열기 위해 붙인 이름입니다. 후기 인상주의자들은 인상주의의 영향을 받았지만 그것을 자신만의 표현법으로 발전시켜 각자의 길을 걸어 나갔습니다.

모두 유명한 화가지만 사람들이 가장 좋아하는 화가는 아마 고흐가 아닐까요? 가난한 상황과 우울한 감정의 소용돌이 속에서 어렵게 작품 활동을 이어 갔지만 생전에는 대중의 인정을 받지 못했던 그의 이야기에 우리는 안타까움을 느낍니다. 하지만 그런 배경 이야기를 모를지라도 그의 작품을 보면 마음에서 어떤 감정이 들끓습니다. 〈별이 빛나는 밤〉은 화려한 색과 기법에도 고통과 슬픔이 느껴지고, 〈꽃 피는 아몬드 나무〉에서는 소박하고 순수한 꽃에 생명력이 깃든 것처럼 환희와 희망에 차게 합니다. 고흐는 다채로운 색감을 효과적으로 사용했는데, 특히 노랑과 파랑의 대비로 강렬함이 느껴지는 〈씨 뿌리는 사람〉을 함께 감상해 봅시다. 파리에서 그림을 그리던 고흐는 1888년 프랑스 남부의 아를로 떠납니다. 타오르는 태양과 소박하면서도 아름다움을 간직한 아를의 풍경은 고흐에게 큰 영감을 주었습니다. 아를에서 새로운 예술 공동체를 만들고 싶었던 고흐는 예술가들에게 아를로 오라고 요청했어요. 많은 화가가 요청에 응하지 않았지만 고갱은 고흐의 요청을 받아들여 아를로 오게 됩니다. 〈씨 뿌리는 사람〉은 고흐가 고갱이 아를에 도착한 날 그리기 시작했다고 해요. 고흐는 밀레가 그린 같은 이름의 작품에 영향을 받아 자신만의 화풍과 아를의 아름다운 풍경으로 재해석하여 그림을 그렸어요. 노란색 태양은 풍요로운 파란색의 들판과 대비되어 더 강렬하게 느껴집니다. 드넓은 들 위에서 씨를 뿌리는 농부와 태양에서 뻗어 나오는

빛이 고흐가 느꼈을 희망처럼 보이지 않나요? 작품 전체에서 아를에 새롭게 정착한 고흐의 기대감과 묵묵히 예술가의 길을 가려는 노력이 느껴집니다. 이렇게 고흐는 다채로운 색과 물감을 두껍게 칠해 입체적인 효과를 주는 임파스토 기법을 통해 자신의 감정을 화폭에 표현하고 전달했습니다.

희망에 찬 고흐와 고갱의 아를 생활은 모두가 알다시피 비극으로 끝을 맺고 말았어요. 겸손한 고흐는 그와 달리 오만하고 냉소적인 고갱과 생활하는 것이 힘들었던 걸까요? 아니면 격양된 감정을 작품에 담아내는 과정이 고통스러웠던 걸까요? 신경이 쇠약해진 고흐는 발작을 일으키고 정신병원에 입원하지만 스스로 목숨을 끊고 맙니다. 37세라는 이른 나이에 생을 다했지만 짧은 시간 동안 수많은 작품을 남긴 고흐. 현대에 사는 우리가 고흐를 가깝게 느끼는 것은 오늘날 우리가 느끼는 감정과 심리가 작품에 고스란히 담겨 있기 때문이 아닐까요?

● **주요 구성**

1	내 감정의 색은?	• 고흐의 작품을 감상하며 감정 느껴 보기 • 다양한 색의 하트 이모지에 이름 붙이기
2	나만의 의자 만들기	• 〈고흐의 의자〉, 〈고갱의 의자〉를 감상하며 비교하기 • 나와 어울리는 디자인과 색의 의자 표현하기
3	임파스토 토스트 만들기	• 임파스토 기법에 대해 알아보고 작품 감상하기 • 크림치즈와 식빵을 이용하여 임파스토 토스트 만들기

● **활동 설명**

활동 16 내 감정의 색은?

고흐는 색을 통해서 자신의 감정과 생각을 표현하는 화가였습니다. 조형 요소 중의 하나인 색은 시각적인 방법으로 사람들에게 보여 주고 싶은 이미지나 느낌을 표현하는 데 아주 중요합니다. '색으로 어떻게 감정을 표현할까?'라는 고민은 추상적이고 어렵게 느껴질 수 있지만 고흐의 작품 속 노랑, 파랑 등을 보면 그 자체가 주는 고유의 분위기를 느낄 수 있어요. 고흐가 이를 극적으로 사용한 것처럼 우리 아이들과도 색으로 자신의 '감정'을 표현할 수 있습니다. 이를 위해 먼저 고흐의 작품을 보면서 그 '감정'을 함께 느껴 보도록 합시다.

① 고흐의 작품을 감상하며 감정 느껴 보기

고흐의 작품에는 굉장히 자주 등장하는 색이 있습니다. 고흐가 파리에서 아를로 이주하여 임대했던 집이 '노란 집'이었으며, 고흐의 대표작으로 남아 있는 〈고흐의 방〉 역시 노란색으로 채색되어 있습니다.

이 외에도 고흐의 많은 작품에서 노란색이 차지하는 비중이 아주 큰데요. 고흐에게 노란색이란 어떤 의미였을까요? 고흐가 아를로 이주하기로 하고 동생 테오에게 쓴 편지를 보면 노란색의 의미를 엿볼 수 있습니다.

〈노란 집〉, 빈센트 반 고흐, 1888

〈고흐의 방〉, 빈센트 반 고흐, 1888

"예전에는 이런 행운을 누려 본 적이 없다. 하늘은 믿을 수 없을 만큼 파랗고 태양은 유황빛으로 반짝인다. 천상에서나 볼 수 있을 듯한 푸른색과 노란색의 조합은 얼마나 부드럽고 매혹적인지."

이 편지의 내용처럼 고흐는 뜨거운 태양이 이글거리는 아를에서 순도 높게 빛나는 노란색을 발견했던 것 같습니다. 고흐가 강렬한 노란색에 감정이 요동치고 이끌렸던 것처럼 분명 우리 삶 속에서도 색은 다양한 의미와 감정을 드러냅니다. 예를 들어 슬프고 애도하는 마음을 표하는 검은색, 앞날을 축하하는 화사한 하얀색, 열정을 표현하는 빨간색처럼요. 고흐의 작품을 하나 더 보면서 '노란색'의 의미를 발견해 보도록 합시다. 다음 작품은 고흐의 대표작 〈해바라기〉입니다.

고흐는 수많은 해바라기 작품을 남겼습니다. 고흐가 압생트라는 녹색 술에 빠져 비극적으로 삶을 마감한 화가로 알려져 있지만, 〈해바라기〉를 보면 고흐가 얼마나 열정적이고, 화가로서의 삶에 헌신적이었는지를 느낄 수 있습니다. 테이블에 놓인 해바라기를 반복적으로 그리고, 시들어 떨어지는 해바라기의 모습까지도 자신의 화폭에 담았습니다. 실제로 고흐에게 노란색이란 모든 것이 담긴 세계로, 그가 꿈꾸는 이상향이었다고

〈해바라기〉, 빈센트 반 고흐, 1888

합니다. 우리에게 노란색은 어떤 의미로 쓰이고 있을까요? 아이들과도 고흐의 작품을 감상하며 이 노란색이 어떤 감정을 주는지 '색'에 대한 대화를 하는 기회가 되기를 바랍니다.

② 색깔별 하트 이모지에 감정 이름 붙이기

고흐는 색을 통해서 자신이 하고 싶은 이야기를 전달할 수 있는 화가였습니다. 그가 심취해 있던 노란색이 정열을 드러내는 해바라기로 나타나기도 하고, 꺼지기 전 한 몸 불사르는 별로 나타나기도 했던 것처럼요. 이번에는 작품 감상의 여운을 담아 아이들과 다양한 색의 느낌을 떠올리고 감정의 이름을 붙여 보는 활동을 해 봅시다.

스마트폰으로 대화를 주고받을 때 사용하는 이모지 중 하트를 떠올려 보세요. 모양은 똑같은 하트인데 참 다양한 색이 있습니다. 빨강, 주황, 노랑, 초록, 보라, 검정, 하양, 파랑, 갈색 등. 그런데 우리는 이 이모지를 덧붙일 때 아무 색이나 고르지 않습니다. 내가 지금 하려는 말에 어울릴 만한 색상을 떠올려 보고 고르죠. 이를 활용하여 아이들과 하트 이모지에 감정의 이름을 붙이는 활동을 해 봅니다. 각 색깔이 나에게 어떤 감정을 들게 하는지 생각해 보는 활동입니다.

열여덟 칸의 표에는 아홉 가지 색의 하트 이모지와 빈칸이 있습니다. 이 빈칸에 색상별로 감정의 이름을 붙이는 활동인데요, 아이들이 아홉 가지 감정을 색깔에 비유하여 정리하는 일은 상상력이 필요한 일입니다. 그래서 다음과 같이 아홉 가지 색상에 일치하는 풍경 사진을 함께 제시하면 아이들의 상상에 단서가 될 것입니다. 여러분도 아이들과 함께 다양한 색상이 각각 우리에게 어떤 의미인지, 나의 마음을 꺼내 보고 대화를 나누어 보기를 바랍니다.

수업 활동지

◆ 색상별 하트를 보면 어떤 감정이 떠오르는지 생각해 보고 각각의 빈칸에 적어 봅시다. 하트 색상과 일치하는 아래 풍경 사진을 참고하여 상상해도 좋습니다.

6장 | 후기 인상주의: 인상주의에서 벗어나 각자의 길을 걷다

활동 17 **나만의 의자 만들기**

사물에는 여러 추억이 담기기 때문에 어떤 물건은 누군가에게 소중한 기억을 불러일으키기도 합니다. 특히 화가들은 시각적인 방법으로 자신을 드러내기 때문에 화가의 에피소드와 함께 회자되는 물건들이 있죠. 고흐에게는 〈고흐의 의자〉와 〈고갱의 의자〉가 그런 작품입니다. 고흐는 고갱과 한 시대를 살며 그의 예술적 동지가 되기를 꿈꾸고 그를 존경했지만, 이는 갈등의 씨앗이 되기도 했고 그를 불행에 빠지게도 했습니다. 하지만 그런 순간에도 고흐는 모든 감정을 색과 상징적 사물로서 자신의 화폭에 옮겨 담았는데요, 이번 활동에서는 고흐와 고갱의 일화를 바탕으로 작품을 감상해 보고, 자신을 닮은 '의자'를 표현하도록 합니다.

① 고흐와 고갱의 의자 작품 감상하기

지금은 고흐와 고갱 모두 작품이 고가에 거래될 정도로 독특한 화풍을 지닌 화가로 칭송받지만 그들이 활동하던 당시에 고흐는 단 한 점의 그림밖에 판매하지 못했으며, 종종 작품 거래에 성공한 고갱조차도 큰 인기는 누리지 못해서 늘 경제적 어려움을 겪었다고 합니다. 고흐와 고갱은 1887년 겨울 처음 만났습니다. 고흐의 동생 테오가 고갱의 그림을 몇 점 구매하려고 고갱의 집을 방문하는데 고흐가 동행하며 두 화가가 만나게 되었습니다. 고흐는 고갱을 당시 최고의 화가로 꼽으며 존경하였는데요. 이 만남을 계기로 고흐는 고갱에게 강한 예술적 동지로서의 끌림을 느끼게 됩니다. 이후 1888년 초, 파리의 생활에 외로움을 느낀 고흐는 아를에 화가들만의 공동체를 만들기로 합니다. 테오의 지원을 받아 아를의 노란 집에 세를 얻어 옮겨 가게 되었는데, 그 집이 바로 고흐가 그린 〈노란 집〉입니다.

아를로 이주한 고흐는 서로 경쟁하고, 도우며 예술 세계를 발전시키려는 꿈을 가지고 파리에서 만났던 화가들을 이곳으로 초청하는데, 이때 고갱이 아를의 노란 집으로 오게 되었습니다. 사실 고갱을 설득하는 과정이 쉽지는 않았어요. 고갱에게 수많은 편지를 보내고, 테오가 고갱의 빚을 탕감해 주고, 숙식을 제공하기로 한 거죠. 그렇게 고갱이 아를로 오게 되자 고흐는 매우 기뻐했습니다.

이렇게 그들은 아를에서 같이 살게 되었지만, 어느 순간부터 두 사람은 서로를 라이벌로 생각하게 된 것 같습니다. 고흐는 고갱을 존경하는 한편, 자신이 고갱과 견줄 만한 화가라는 자신감도 있었죠. 고갱은 고흐를 자신보다 낮추어 보면서도 고흐의 실력을 시기했습니다. 길지 않은 기간 아를에서 함께 머문 두 사람 사이에 점차 갈등이 쌓이게 되는데, 다음의 그림이 그들의 갈등을 고스란히 보여 줍니다.

〈해바라기를 그리는 고흐〉, 폴 고갱, 1888

시들어 가는 해바라기를 그리는 고흐의 모습은 생기도 없고 초라합니다. 그리고 위에서 아래를 내려다본 시선으로 그림을 그렸죠. 평소 고갱이 고흐를 자신보다 낮춰 생각하는 태도가 그대로 담겼습니다. 이 그림을 본 고흐의 기분이 좋지 않았겠죠? 모독감을 느낀 고흐는 고갱과 늘 부딪치게 되고 고갱은 아를과 고흐를 떠날 결심을 합니다. 다음은 이런 갈등의 소용돌이 속에서 고흐가 그린 자신의 의자와 고갱의 의자입니다.

〈고흐의 의자〉, 빈센트 반 고흐, 1888   〈고갱의 의자〉, 빈센트 반 고흐, 1888

두 의자 모두 비어 있습니다. 이전에는 함께 앉아 대화를 나누던 의자였을 텐데 말이죠. 고흐의 의자는 그의 예민한 성격을 보여 주듯 직선으로 뻗은 형태에 간결하고 얇으며, 소박합니다. 반대로 고갱의 의자는 고흐의 의자보다 좀 더 화려해 보입니다. 팔걸이가 있으며 곡선으로 이루어져 조금 더 편안해 보이기도 하구요. 그리고 고흐의 의자 위에는 그의 파이프와 담배쌈지가, 고갱의 의자에는 촛불과 책이 올려져 있습니다. 한쪽에는 창작의 근원이 되는 낭만적 감성이 강한 고흐의 성향, 다른 쪽에는 감정보다는 지성에 근거

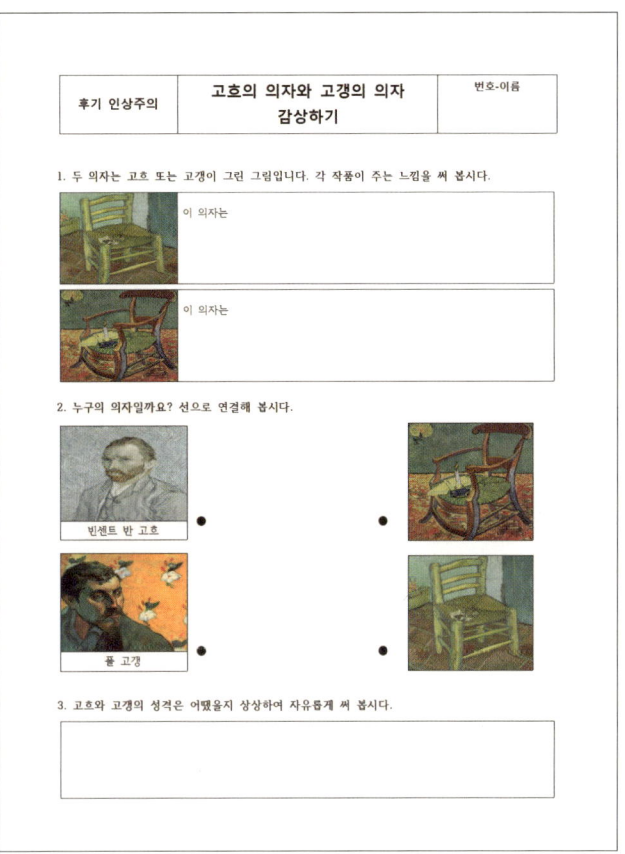

고흐와 고갱의 의자 비교하기 학습지

하여 작업하는 고갱의 성향이 드러납니다. 이 작품이 완성되고 며칠 후 고갱은 고흐를 떠납니다. 그리고 고흐의 일생도 비극으로 치닫게 되죠. 이번 활동에서는 고흐와 고갱의 의자를 보고 나만의 의자는 어떤 모습일지 상상하여 그려 봅니다. 이를 위해 고흐와 고갱의 만남과 이별까지의 이야기를 작품과 함께 감상하도록 안내하였습니다. 앞서 소개한 고흐와 고갱의 작품들을 바탕으로 아이들과 이야기를 나누기 전후에 위의 활동지를 활용하여 두 의자를 비교해 봅니다. 두 의자를 통해 고흐와 고갱이 각각 어떤 사람이었을지 상상해 보는 시간을 가지며 깊이 있는 감상의 시간을 보내길 바랍니다.

② 다양한 의자를 살펴보고 나와 어울리는 의자 생각해 보기

고흐와 고갱의 의자는 선의 형태부터 팔걸이의 유무, 앉았을 때의 느낌, 올려진 물건 등 모든 부분에서 서로 다른 의자로 보입니다. 고흐는 거칠면서도 수도승 같은 마음으로 그림을 그리는 사람이고, 고갱은 안락한 삶을 희망하는 지성적인 사람이라 서로의 결이 너무나도 달랐기 때문이죠. 이제 고흐와 고갱이 어떤 성향의 화가였는지 조금 감이 오시나요?

이를 활용하여 아이들에 대해서 알아볼 수 있습니다. 이 활동에서는 간단하게 아이들이 자신을 소개하도록 합니다. 그다음엔 다양한 의자가 그려진

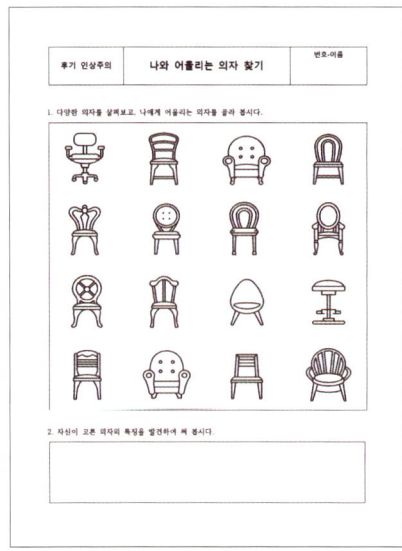

'나와 어울리는 의자 찾기' 학습지

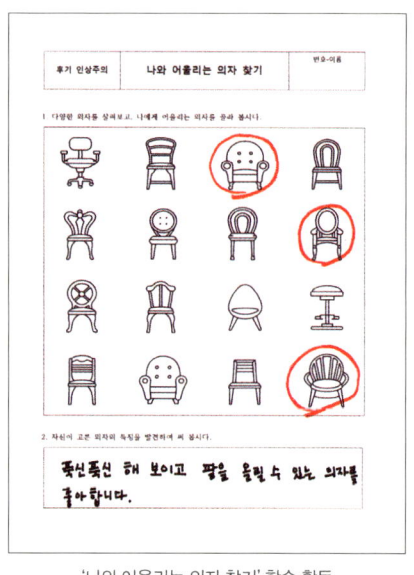

'나와 어울리는 의자 찾기' 학습 활동

학습지를 보고 '나와 어울리는 의자'에는 동그라미 표시를, '나와 어울리지 않는 의자'에는 가위 표시를 하도록 합니다. 덧붙여 각각 표시한 이유를 써 보면서 작품을 그리기 전 브레인스토밍을 하며 나에게 어울리는 의자를 찾도록 합니다.

활동지 속 다양한 의자를 보면 딱딱한 의자와 푹신한 의자, 팔걸이가 있는 의자와 없는 의자, 편하게 기댈 수 있는 의자와 허리를 곧게 펴고 앉아야 하는 의자, 등받이가 곡선으로 된 의자와 직선으로 된 의자 등 특징이 모두 다릅니다. 단순히 내가 좋아하는 모양의 의자를 생각할 것이 아니라 '내가 의자라면 어떤 모습일까?'라고 가정할 수 있게끔 유도하면 의미 있는 활동이 될 것입니다. 이 활동을 통해 아이들이 저마다의 모습을 객관화하여 보고 자신의 특징을 발견하는 활동이 잘 이루어졌다면, 다음 활동으로 나를 표현할 수 있는 '나만의 의자'를 그려 보도록 합시다.

③ 나만의 의자 만들기

사람들은 고흐가 그린 의자를 보고 '고흐는 어떤 사람이었을까', '고갱은 어떤 사람이었을까'를 상상할 수 있습니다. 그 상상을 현실로 펼치는 것이 화가가 가진 예술적 표현의 힘인데요. 앞서 소개한 화가들의 이야기를 바탕으로 작품을 감상하고, 이를 아이들에게 연결하여 '나는 어떤 사람일까?'라는 고민까지 하도록 이끌었다면, 일단 우리가 의도한 수업 목적의 70퍼센트는 목적을 달성했다고 할 수 있습니다. 그 고민의 시간이 아이들을 성장하게 하고 우리 교사나 부모에게는 자연스럽게 아이의 새로운 모습을 이해하는 시간이 되었을 거예요.

이번에는 아이들에게 예술적 표현의 기회를 제공하고 즐거움을 알려 줄 차례입니다. 그런데 대뜸 "너만의 의자를 디자인해 보렴." 하고 말하면 아이들에게 어렵겠죠? 가이드라인과 작품 예시가 있으면 아이들이 그림 그리는 기술이 부족해서 시작을 어려워하는 문제를 줄일 수가 있습니다. 미술 수업의 목표가 오직 창의적, 기술적 표현만 있는 것이 아니기 때문이죠. 아이들의 수준에 따라 A4용지별로 각 의자들이 연한 선으로 인쇄된 활동지를 제공할 수 있습니다. 그림을 곧잘 그리는 아이들에게는 앞의 두 번째 활동에서 제시되었던 다양한 의자 그림 중 자신이 동그라미 표시를 남긴 의자들을 참고하여 직접 의자를 그리도록 합니다.

그리기 도구도 원하는 분위기에 따라 포근한 느낌의 색연필, 색감이 쨍한 사인펜이나 마커, 질감이 잘 느껴지는 오일파스텔 등 다양하게 사용할 수 있

'나만의 의자 그리기' 연한 선이 있는 학습지

'나만의 의자 그리기' 학습 활동 예시

겠죠? 이러한 요소들을 고려하여 그림을 그리게 하고 그 위에는 자신을 상징하는 물건을 그려 보도록 제안해도 좋습니다. 고흐의 파이프나 고갱의 책과 촛불처럼요. 그림이 완성되면 종이 뒷면에 나만 볼 수 있게 자신의 이름을 넣어 'OO(이)의 의자'라고 이름을 붙입니다. 늘 방 한편을 차지하고 있는 의자처럼 교실이나 집에 아이들의 작품을 게시하여 천천히 오래 두고 감상하기를 권해 보세요. 우리는 고흐와 고갱의 의자를 통해 나를 표현하는 또 다른 방법을 배웠습니다. 이 효과를 우리 교실과 가정에서 오래오래 느껴 보도록 해요.

활동 18 임파스토 토스트 만들기

고흐는 강렬한 색채를 표현하고 이를 활용해 질감을 강조하는 기법을 보였습니다. 이후 이 기법에 '임파스토'라는 이름이 붙었는데요, 앞서 색을 활용해 자신의 감정과 성격을 드러내는 연습을 했다면, 이번에는 이를 극대화하여 입체적인 질감이 느껴지는 기법을 체험해 봅시다. 다만 이를 위해 사용하는 유화물감은 학교 교실에서 체험하기에 준비 과정이 복잡하고 여러 재료가 필요하므로, 유치원과 초등학교 아이들 수준에 맞는 재료를 다음 활동에서 안내했습니다. 먼저, 고흐의 작품에 쓰인 임파스토 기법을 알아보고 구하기 쉬운 재료를 활용하여 임파스토 기법을 경험해 봐요.

① 임파스토 기법 알아보기

많은 사람은 고흐의 그림을 보고 '빨려 들어갈 것 같다.', '입체적이다.', '색채가 강렬하다.'라고 생각합니다. 이것이 고흐 작품들의 공통점이자, 대중에게 사랑받는 이유일 것입니다. 고흐가 자주 쓰던 '임파스토 기법'에서 '임파

〈별이 빛나는 밤〉, 빈센트 반 고흐, 1889

스토(Impasto)'란 이탈리아어로 '반죽된'이란 뜻을 가진 유화 기법 중 하나입니다. 물감을 두껍게 발라 화면의 재질감을 강조하는 기법입니다. 붓이나 나이프, 손 등으로 물감을 떠서 칠하는 방식으로 많이 쓰였으며, 물감이 두껍게 올라가 건조되어야 하기 때문에 주로 유화와 아크릴 물감으로 표현되었죠. 그럼 이제 '임파스토 기법'을 고흐의 작품 속에서 발견해 볼까요?

위 작품은 고흐의 대표작 〈별이 빛나는 밤〉입니다. 고흐가 고갱과 다툰 뒤 자신의 귀를 잘라 요양원에 가게 되었는데 그때 병실 밖으로 내다보이는 밤 풍경에 자신의 감정과 상상을 담아 그린 것입니다. 파란 하늘에 노랗게 빛나는 별, 굽이치는 구름, 구름과 하나가 된 듯한 사이프러스 나무, 이것들과 대비되게 평온한 마을의 정경이 보입니다. 이 작품에서는 훨씬 동적인 터치와 두꺼운 붓놀림으로 밤 풍경을 표현했는데요. 이 작품은 고흐에게 어떤 의미였을까요? 앞서 동생 테오에게 쓴 고흐의 편지에서 알 수 있듯 아를의 파란 하늘과 노란 태양은 고흐에게 수많은 영감을 주었던 것 같아요. 이 작품에서도 두 색의 조합이 강렬하고 매혹적으로 드러납니다. 또한 고흐에게 밤하늘이란 무한함을 표현하는 대상이었습니다. 고흐가 이 작품을 그리기 1년 전에 쓴 편지를 한 구절 더 읽어 주면 좋을 것 같습니다.

"타라스콩에 가려면 기차를 타야 하듯 이 별들의 세계로 가기 위해서는 죽음의 관문을 통과해야 한다."

고흐는 죽음을 부정적으로 보지 않았습니다. 오히려 별들의 세계로 가기 위해 거쳐야 하는 과정이라고 생각했습니다. 고흐는 이런 생각을 두꺼운 물감의 소용돌이로 우리에게 전해 줍니다. 작품을 더욱 극적으로 만드는 임파스토 기법, 정말 매력적이지 않나요?

이 활동에서 아이들에게는 어려울 수 있는 임파스토라는 표현 기법을 주제로 잡은 이유가 있습니다. 전시회에 자주 가 보지 않았거나 미술을 어려워하는 사람들은 예술 작품을 마주했을 때 무엇을 중점적으로 보아야 할지 감을 잡지 못해 설명을 보고 그림을 이해하려고 합니다. 물론 이런 감상 태도도 중요하지만, 우리가 아이들과 그림을 볼 때 꼭 객관적인 정보만으로 감상할 수 있는 것은 아닙니다. 독특한 표현 방법, 사용된 재료(종이, 물감), 화가의 일화 등 모든 것이 감상의 요소가 될 수 있으며 더 다채롭고 재미있는 관람을 경험하도록 합니다. 그런 의미에서 고흐의 작품은 이 모든 요소를 만족시

킬 수 있습니다. 고흐의 생애와 작품의 내용, 표현 기법, 강렬한 색 …. 수업에서 다루기 딱 좋은 화가죠. 그럼 다음 활동에서는 고흐의 힘을 빌려 다소 어려울 수 있는 임파스토 기법을 쉽고 재미있게 경험해 봅시다.

② 크림치즈를 활용한 임파스토 토스트 만들기

고흐의 작품을 감상했다면 이제 아이들과 체험할 차례입니다. 임파스토 기법은 주로 유화물감이나 아크릴물감을 두껍게 쌓아 올리며 질감을 표현하는 기법입니다. 그런데 아이들에게 사용 전후 과정이 복잡한 유화물감이나 수정이 어려운 아크릴물감을 이용하여 표현하는 것은 꽤 어렵게 느껴질 수 있습니다. 아이들도 쉽게 유화물감의 특징을 이해할 수 있고, 실수하더라도 쉽게 고칠 수 있으며, 사용하는 자체로 즐거운 재료가 있습니다. 바로 크림치즈입니다! 놀라셨나요? 크림치즈로 그림을 어떻게 그리나 싶을 것 같아요. 요즘 유행하는 각종 수제 케이크 업체의 작품을 보면 입이 떡 벌어집니다. 다채로운 색깔, 부피감 있게 올라간 크림 장식들. 바로 크림치즈에 색소를 섞어 얹은 것인데, 이 과정을 보고 이게 바로 아이들과 유화물감의 특징을 쉽게 경험해 볼 수 있는 방법이라 생각했어요. 크림치즈 임파스토를 위해 필요한 준비물은 아래와 같습니다.

크림치즈로 임파스토 토스트 만들기
- 준비물: 아이스크림 막대, 종이컵(작은 사이즈), 크림치즈, 식용 색소, 토스트 식빵

작품을 만들기 위해서는 먼저 종이에 스케치를 간단히 합니다. 그다음, 스케치를 보고 필요한 색을 만들어야 합니다. 종이컵에 크림치즈를 나눠 담고 필요한 색상의 식용 색소를 조금씩 넣어 가며 원하는 색감이 나올 때까지 아이스크림 막대로 젓습니다. 원하는 색상들이 준비되면 아이스크림 막대로 토스트에 크림치즈를 발라 쌓아 올리며 그림을 그립니다. 같은 대상을 정해 그렸음에도 각자 준비한 색과 표현 방식에 차이가 있으므로 다채로운 작품들이 나올 거예요.

어떤가요? 저희 반 학생들은 거울을 보고 자기 얼굴을 그린 뒤 자신을 표현하는 색을 배경으로 색칠해 보았습니다. 활동이 끝난 뒤엔 쟁반 위에 모든 작품을 올려놓고 함께 감상한 뒤 즐거운 디저트 시간을 가졌습니다. 학교나 가정에서 고흐를 주제로 눈도 입도 모두 즐거운 활동을 해 보시기 바랍니다.

완성된 임파스토 토스트

고흐는 자신의 감정을 색채와 임파스토 기법, 그리고 특유의 소용돌이치는 화풍으로 표현했어요. 눈에 보이는 대로 그리려고 노력했던 인상주의의 영향을 받았지만, 감수성이 풍부하고 생각이 깊었던 고흐는 자신의 내면까지 작품에 담으려고 노력했습니다. 이런 고흐의 화풍은 이후 '표현주의'에 영향을 주게 되는데요. 뭉크의 작품 〈절규〉를 모두 알고 있을 거예요. 손으로 감싸인 해골 같은 얼굴에 절망스러운 표정, 그리고 그 감정을 그대로 보여주는 어지러운 배경까지 너무나도 혼란스럽고 고통스러운 감정이 느껴집니다. 이렇게 감정을 극대화해서 작품에 표현하는 미술 사조를 표현주의라고 합니다. 지금까지는 객관적이고 사실적으로 보이는 그림을 그렸다면 이제부터는 감정을 표현하는 시대가 열리게 된 거예요.

여러분은 힘들 때 무엇을 하나요? 사람들을 만나며 이야기할 수도 있고, 맛있는 음식을 먹을 수도 있고, 게임을 하며 시간을 보낼 수도 있지만 보통 우리가 힘든 이유는 감정적인 부분에 있을 때가 많습니다. 그렇다면 이 감정을 어떻게든 해소해야 하지 않을까요? 고흐처럼 좋아하는 색 물감을 캔버스에 마음껏 얹어 보세요. 어떤 활동보다 마음이 풀리는 경험일 겁니다.

7장 — 야수파와 입체파: 마티스처럼 강렬하게, 피카소처럼 기발하게

● 작품 감상

〈붉은 방〉, 앙리 마티스, 1908

앙리 마티스는 아프리카의 미술을 보고 당시 서구 유럽에서는 볼 수 없던 자유롭고 본능적인 예술에 사로잡혔어요. 그가 지금까지 본 미술은 정답이 있는 형식적인 그림이었어요. 아름답고 사실적으로 그리기 위해서 원근법과 명암법을 쓰고, 누가 보아도 알아볼 수 있도록 객관적으로 그려 왔지요. 그래서인지 강렬하면서도 단순한 아프리카의 미술에 새로움을 느꼈어요. 그때부터 마티스는 사실적으로 그리기보다는 강렬한 색채를 중심으로 그리기로 했어요. 1905년 가을 전시회에서 마티스와 친구들은 새로운 작품들을 사람들에게 선보였어요. 당시 유명한 비평가는 이 작품들을 보고 '야수들의 작품'이라며 비웃었답니다. 이렇게 마티스와 친구들은 야수파(야수주의)라는 이름으로 불리게 되었어요. 그렇다면 대표적인 야수파 작품이자 강렬한 붉은색이 돋보이는 마티스의 〈붉은 방〉을 함께 감상해 봅시다. 원래 파란색이었던 이 작품이 마음에 들지 않아 마티스는 빨간색 물감으로 다시 그렸다고 해요. 멀리 있는 것은 작게 보이고 가까이 있는 것은 크게 보이는 원근법, 밝기와 어두움을 표현해 화면에 입체감을 주는 명암법이 이 작품에서는 전혀 느껴지지 않습니다. 온통 붉은색으로 뒤덮인 방과 식탁 위에는 꽃무늬가 그려져 있는데, 입체감이 느껴지지 않아서 단순한 무늬인지 실제 꽃인지 구분할 수 없어요. 창밖의 풍경 역시 실제 풍경인지, 그림 액자인지 알 수 없습니다. 이렇게 마티스는 입체감을 포기하고 대상을 단순하게 그렸어요. 대신 사실 그대로 그리는 형식에서 벗어나 강렬한 색채를 추구했답니다.

마티스와 같은 시기에 파리에서 그림을 그렸던 경쟁자가 있었는데, 바로 파블로 피카소입니다. 피카소는 파리의 화가인 세잔을 존경했습니다. "나의 유일한 스승, 세잔은 우리 모두에게 있어 아버지와 같은 존재였다."고 말할 정도였어요. 인상주의가 성행하던 19세기 후반, 세잔은 빛에 따라 변하는 자연을 그리기 위해 밝고 형태가 모호한 인상주의의 그림들이 어수선하다고 생각했어요. 이 문제를 해결하기 위해 세잔은 자연을 구, 원뿔, 원기둥 같은 도형의 형태로 그리기 시작했어요. 세잔의 시각을 느낄 수 있는 〈생트 빅투아르산〉을 찾아보세요. 뒷배경을 차지하고 있는 빅투아르산의 형태와 산 아래 위치한 집과 나무에서 다양한 도형을 찾아보는 재미를 느껴 보길 바랍니다. 세잔이 죽은 후 열린 회고전에서 그의 작품들을 본 피카소와 브라크는 세잔의 뜻을 따라 대상을 도형의 형태로 그리기로 했어요. 인상주의처럼 시시각각 변하는 풍경의 한순간을 그리는 것이 아니라 대상의 변함없는 본질적인 모습을 나타내기로 한 거예요.

그런데 피카소는 한 가지 의문을 가졌어요. 만약 바이올린을 그린다고 한다면 우리는 모두 바이올린의 특징을 가장 잘 나타낼 수 있는 앞면을 그릴 거예요. 그렇다면 그림에서는 바이올린의 뒷면과 옆면, 윗면과 아랫면은 볼 수 없게 돼요. "우리가 실제로 바이올린을 모든 각도에서 볼 수 있는 것처럼 그림에서도 다양한 각도에서 본 모습을 한 번에 그릴 수는 없을까?" 하고 생각했어요. 브라크의 〈바이올린과 팔레트〉와 피카소의 〈바이올린과 포도〉를 보면 마치 바이올린이 분해되어서 조각조각 붙여진 듯한 모습을 볼 수 있어요. 피카소는 이 모습이 바이올린을 가장 잘 나타낼 수 있다고 믿었답니다.

1908년 가을 전시회에 브라크는 이런 작품을 출품했어요. 그때 심사위원 중 한 명이 마티스였는데, 브라크의 작품을 본 마티스는 "정육면체들로 이루어진 작품"이라며 비웃었어요. 이 말이 전해져 피카소와 브라크에게 입체파(입체주의)란 별명이 붙었답니다. 이렇게 마티스와 피카소는 같은 시기 파리에서 서로 경쟁하며 독창적이고 개성 있는 자신만의 예술 세계를 구축해 나갔습니다.

● 주요 구성

1	색종이 콜라주	• 강렬한 색채를 표현한 마티스의 작품 감상하기 • 표현하고 싶은 색을 정하고 마티스처럼 색종이로 표현하기
2	도형으로 보아요	• 세잔의 작품을 감상하며 도형 찾아보기 • 세잔처럼 자연을 도형으로 바라보고 그림 그려 보기
3	입체를 평면으로 펼쳐요	• 다양한 각도에서 그려 조합한 피카소의 작품 감상하기 • 관찰한 대상을 정육면체에 그리고 펼쳐서 잘라 붙이기

● 활동 설명

활동 19 색종이 콜라주 작품 만들기

마티스는 사물이나 대상의 본래의 색과 형태에서 벗어나 자신의 느낌대로 대상을 표현하였습니다. 우리는 우리도 모르는 사이 하늘은 파란색, 나무는 초록색, 사람의 얼굴은 피부색으로 표현하곤 합니다. 아이들과 색의 고정관념을 버리고, 순간순간 떠오르는 아이들의 감정과 생각을 담아 보면 좋겠습니다. 그러나 아이들에게는 객관적인 색과 형태에서 벗어나는 것이 어려울지도 모릅니다. 이때 마티스가 사용했던 방법에서 해결책을 찾을 수 있는데요, 바로 색종이를 자르는 '컷아웃(cut-outs)' 기법입니다. 다양한 색종이에서 마음에 드는 색을 찾고 잘라 내는 방법으로 자신의 느낌을 과감하게 표현해 보세요.

① 야수파 작품 감상하기

'야수' 하면 어떤 모습이 떠오르나요? 야수는 영어로는 'beast', 즉 들짐승을 이르는 말로 우리 아이들은 '미녀와 야수' 속 야수를 떠올릴 것입니다. 그 모습이 워낙 강렬해서인지 야수라는 표현은 주로 기괴하고 쉽게 보기 어려운 낯선 모습일 때 비유되는 표현이기도 합니다. 그렇다면 어떤 화가들의 작품에 '야수파'라는 이름이 붙게 되었는지 작품을 통해 알아봅시다. 야수파라는 이름은 프랑스 파리에서 활동하던 마티스의 〈모자를 쓴 여인〉이라는 작품을 본 한 비평가가 야수를 그려 놓았다며 비웃은 데서 유래했습니다.

〈모자를 쓴 여인〉, 앙리 마티스, 1905

마티스는 어릴 적부터 화가의 길을 걸어오지 않았습니다. 법대를 졸업하고 법률사무소에 다니던 평범한 청년이었으나, 어느 날 맹장염에 걸려 침대에 누워 지내게 되었습니다. 이 시기에 어머니가 선물한 그림 도구를 가지고 그림을 그리기 시작하다가 본격적으로 화가의 길을 걷게 됩니다. 이때부터 (22세) 화가가 되겠다며 갈고 닦는데, 14년 뒤 37세의 마티스가 자신을 선보이는 작품으로 내놓은 작품이 바로 〈모자를 쓴 여인〉입니다. 이 작품이 '야수파'의 시작이 되는 작품인데, 어떤 면이 1905년 당시의 사람들에게 야수처럼 기괴하게 보였던 걸까요? 이를 알 수 있는 가장 쉬운 방법은 마티스 이전의 다른 화가의 초상화와 비교해 보는 것입니다. 다음의 초상화는 네덜란드의 대표 화가 렘브란트가 그린 자화상입니다.

〈자화상〉, 렘브란트 반 레인, 1659

마티스의 작품과 비교했을 때 가장 큰 차이는 무엇일까요? 바로 색채의 자유로움입니다. 이전에는 초상화를 비롯하여 풍경화, 정물화 등 예술 작품이 실제를 재현하는 데 목적이 있었습니다. 그러나 세잔, 고갱, 고흐와 같은 후기 인상주의 화가들의 작품에서 힌트를 얻은 마티스는 '자연에서 본 색'과는 다르게 자신이 느끼는 대로 색을 표현하며 눈에 보이는 색으로부터 자유로워지고자 했습니다. 마티스의 자유로운 색채를 볼 수 있는 작품에는 〈모자를 쓴 여인〉 외에도 〈푸른 누드〉 연작, 〈가지가 있는 실내〉, 〈삶의 기쁨〉 등

이 있으니 아이들과 꼭 한번 찾아보시길 바랍니다.

다음으로는 노년의 마티스가 보여 준 또 다른 큰 특징인 '컷아웃' 기법을 알아보도록 합시다. 72세의 마티스는 암 수술을 받고 더 이상 이젤 앞에 앉아 그림을 그릴 수 없게 되었습니다. 그러나 마티스는 화가로서의 삶을 놓지 않고 침대에 누워서 할 수 있는 작품 활동을 시작합니다. 이때 사용한 표현 기법을 바로 컷아웃 기법이라고 부르는데요. 쉽게 말해서 종이를 오려 붙이는 방법입니다. 이 당시에는 색종이가 없었기 때문에 종이에 밝고 생생한 자신만의 색을 칠하고 원하는 형태로 잘라서 캔버스 위에 배치했습니다. 그럼 대표작을 살펴볼까요?

이 작품은 마티스가 가장 좋아했던 그리스 로마 신화의 '이카루스'를 모티

〈이카루스〉, 앙리 마티스, 1946

브로 한 작품입니다. 이카루스의 모습이 추락하는 모습인지 비상하는 모습인지 식별되지 않아 상상의 여지를 남기는 단순한 형태에, 빨간 심장과 노란색 깃털이 보입니다. 마치 점점 죽어가는 말년의 마티스처럼 보이기도 합니다. 이 외에도 컷아웃 대표작으로는 재즈 음악을 듣고 이를 시각적으로 표현한 〈재즈〉 연작과 〈푸른 누드 II〉, 〈앵무새와 인어〉 등이 있으니 함께 찾아보세요. 그럼 작품 감상은 여기까지 하고 이제부터 마티스의 강렬한 색채 해방과 컷아웃 기법을 함께 경험해 볼까요?

② 색종이로 표현하고 싶은 대상 정하기

마티스는 컷아웃 작품에서 대상을 단순화한 뒤 색종이를 오려서 붙였습니다. 아이들과 마티스의 컷아웃 작품을 따라 하려면 먼저 표현 대상을 찾아야 합니다. 다만 아이들에게 막연히 "네가 표현하고 싶은 것을 마티스처럼 색종이로 표현해 보렴."이라고 하면 굉장히 막막하게 느낄 거예요. 아이들이 진지하게 고민하여 작품을 만들어 볼 수 있도록 교사 또는 부모님이 함께 대상을 찾아봐도 좋습니다. 예를 들어 아이들과 다음과 같은 주제를 다뤄 볼 수 있습니다.

주제 예시	구체적인 표현 내용
감정	기쁨, 즐거움, 설렘, 무서움, 슬픔, 편안함, 궁금함 등
악기와 소리	피아노, 바이올린, 트럼펫, 가야금, 자동차 경적 등
음식과 맛	떡볶이, 마라탕, 김밥, 라면, 단맛, 짠맛 등

예시와 같이 함께 나눈 주제 중 아이들에게 표현하고 싶은 내용을 정해 보도록 한 뒤에 대상을 떠올리면 어떤 느낌인지, 어떤 색에 비유할 수 있을지

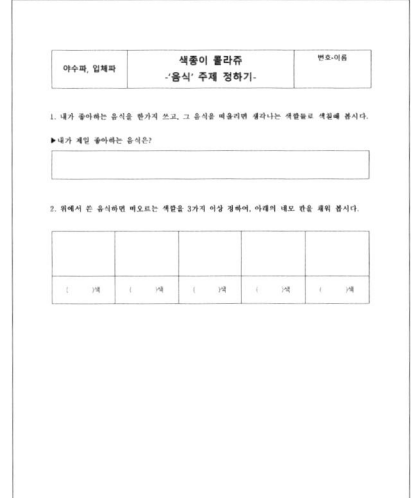
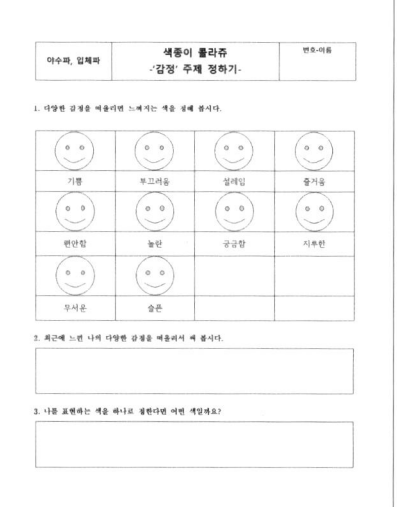

를 순차적으로 브레인스토밍해 보는 것이죠. (가정에서는 일대일로 지도하므로 편하게 대화를 나누어도 좋지만, 교실에서는 일대일 지도가 어려우므로 활동지를 활용하여 모든 아이가 차분하게 자신의 느낌을 정리하도록 지도합니다.) 브레인스토밍을 할 때 중요한 것은 결론에 도달할수록 표현하고자 하는 색이 하나 또는 두 가지로 수렴하도록 유도하

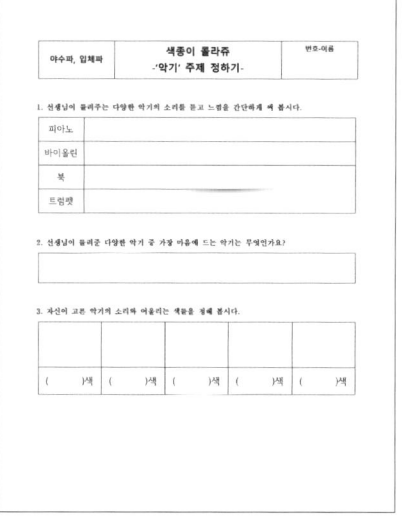

'대상 정하기' 활동지

는 것입니다. 활동지를 보면 '기쁨'을 표현하려고 할 때 감정의 색을 '노란색, 주황색' 등으로 정하거나, '슬픔'의 색을 '검은색, 파란색' 등으로 정하는데 이

처럼 자기 나름의 색을 한두 가지로 정합니다.

　주제에 대해 함께 이야기 나누고 브레인스토밍하는 과정을 통해 아이들이 미술을 하나의 의사소통 수단이자, 나를 표현하는 하나의 방식으로 즐길 수 있습니다. 여기에 더해, 다양한 표현 방식(이 활동에서는 마티스의 컷아웃 기법)을 경험하는 일은 나만의 개성과 표현을 극대화하고, 창의성을 기르는 밑거름이 될 수 있습니다.

③ 나만의 색으로 색종이 콜라주 작품 만들기

　아이들이 표현하고 싶어 하는 주제와 이를 표현할 수 있는 몇 가지 색을 정했나요? 그럼 이제 색종이를 이용한 콜라주 작품을 만들 차례입니다. 색종이 콜라주는 밑그림을 그려 세밀하게 표현하기보다는 대상과 느낌을 나타낼 수 있는 색종이로 형태를 오려서 도화지 위에 배치하여 구성하는 작품입니다. 먼저 다음 예시와 같이 색종이를 오려 작품의 중심이 되는 대상을 만듭니다. 이때 아이들이 즉흥적으로 색종이를 오리기 어려워한다면 먼저 밑그림을 그려 오리게 해도 좋습니다. 중심 대상을 표현했나요? 여기에서 끝이 아닙니다. 마티스는 화면 위에 중심 대상과 이를 떠올렸을 때의 느낌, 자신만의 상징들을 색종이 장식으로 표현하여 배치하였습니다. 먼저 마티스의 작품을 예시로 보여 주고 작품을 만들어 보게 해도 좋습니다.

　마티스처럼 자유로운 색채를 활용하여 하나의 주제와 나의 느낌을 살린 표현, 상징들을 '컷아웃' 기법으로 표현해 보세요. 아이들은 평소 미술 시간에 사용하던 도화지, 연필, 물감 등 익숙한 도구에서 벗어나 자유롭게 가위질 하는 것 자체에서 상당히 큰 해방감을 느끼기도 합니다.

콜라주 기법을 활용한 학생의 작품

활동 20 도형으로 보아요

창의적인 미술 작품을 만들기 위해서 아동기에는 사물을 형태화해 보는 훈련이 중요합니다. 이를 바탕으로 자신이 나타내고 싶은 것을 도화지 위에 표현할 수 있기 때문입니다. 사물을 형태화한다는 것은 선을 그어 간단한 도형의 형태로 사물을 묘사한다는 것을 의미합니다. 이때 함께 감상해 보면 좋은 화가의 작품이 있습니다. 바로 폴 세잔인데요. 세잔은 많은 화가가 대상을 정밀하게 표현하거나 빛과 색을 중심으로 인상만을 표현하려던 시기에 자연이 가진 본질을 찾으려고 노력했는데, 그 중심에 '도형'이 있었습니다. 도형을 어떻게 활용하였는지 세잔의 작품을 통해 살펴봅시다.

① 세잔 작품 감상하기

　야수파의 대표 화가 '마티스', 입체파의 대표 화가 '피카소', 이 두 화가는 같은 시대에 작품 활동을 펼치며 경쟁 관계에 있었으나 후대에는 두 화가 모두 새로운 미술 양식 자체로 인정받게 되었습니다. 이 두 화가에게 새로운 관점과 방향을 제시한 스승 같은 화가가 있었는데요, 바로 세잔입니다. 세잔은 후기 인상주의를 대표하는 화가이지만 마티스와 피카소 등 이후 후배 화가들에게 많은 영향을 미친 화가이기도 합니다. 후기 인상주의란 쉽게 설명하면 인상주의를 거부한 인상주의라고 할 수 있습니다. 인상주의란 빛에 따라 변화하는 색을 중심으로 한순간의 인상을 그리는 표현 방법으로, 1870년대부터 1880년대 중후반까지는 미술계의 혁신이자 대세였으나 시간이 흐르며 진부한 작품들이 반복되기 시작했습니다. 세잔은 이때 새로운 인상주의를 꿈꾸며 등장한 화가입니다. 그는 인상주의 작품들에서 점점 본질이 흐려지고 있다고 판단하고 자신의 작품에 '본질'을 담고자 하였습니다. 세잔이 꿈꾼 본질이 무엇일지 작품을 통해 볼까요?

〈사과와 오렌지〉, 폴 세잔, 1899

세계에는 유명한 3대 사과가 있습니다. 첫 번째는 이브의 사과, 두 번째는 뉴턴의 사과, 마지막은 바로 세잔의 사과입니다. 세잔은 수많은 사과 작품을 남겼는데요. 그는 사과를 그리며 실제와 똑같은 모습을 재현하지도, 빛과 색에 집착하지도 않았어요. 단지 사과 속에 담긴 자연의 본질만을 담기 위해 노력했다고 합니다. 무슨 말인지 잘 모르겠다고요? 세잔이 말한 자연의 본질이란 형태적 본질을 의미합니다. 예를 들어 사과 모양을 도형으로 떠올린다면 누가 봐도 구(공 모양)로 느끼겠지요? 이와 같이 주전자는 원기둥, 오렌지가 담긴 접시는 원뿔 모양으로 보고 형태적 본질만을 담기 위해 노력했다는 것이죠. 세잔의 탐구가 담긴 다른 작품을 하나 더 보면 세잔이 캔버스 위에 자연과 대상을 어떻게 표현하고자 했는지 이해가 될 것입니다.

이 작품에서 어떤 도형들이 보이나요? 삼각형 지붕들, 직육면체의 집, 원기둥 모양의 굴뚝 등을 어렵지 않게 찾을 수 있습니다. 아마 아이들은 우리

〈에스타크의 바다〉, 폴 세잔, 1878-1879

의 눈보다 훨씬 더 다양한 도형(모양)을 찾아낼지도 모릅니다. 아이들 수준에 따라 다양한 도형을 즉석에서 찾아보거나, 도형 그림 카드, 도형 구체물을 꺼내 놓고 비교해 보며 세잔이 탐구한 자연의 형태적 본질을 발견하는 시간을 가져 보시기 바랍니다.

② 풍경 사진을 보며 비슷한 도형 찾기

세잔은 자연을 단순화시켜 구, 원기둥, 원뿔과 같은 도형의 기본 형태로 보고 이를 작품에 표현했습니다. 이 활동에서는 아이들과 주변 사물의 기본 형태가 무엇으로(어떤 도형으로) 이루어져 있는지를 찾아보도록 합니다. 세잔은 주로 사물(사과, 꽃 등)이나 풍경 속에서 도형적 특징을 발견하고 이를 그려 냈기 때문에 아이들과도 우리에게 익숙한 주변 풍경에서 도형적 특징을 발견할 수 있습니다. 다만 다양한 것이 혼재된 풍경 사진은 다소 어려울 수 있으니 하나의 사물부터 하나씩 단계를 높여 가는 것이 좋습니다. 예를 들어 아래처럼 단계를 나누어 도형 찾기 활동을 해 볼 수 있습니다.

단계		구체적인 표현 내용
1단계	하나의 기본 형태로 된 사물	사과(구), 사람(원기둥), 포도(삼각형), 의자(직육면체) 등
2단계	두 개 이상의 기본 형태로 된 사물	나무(원기둥 형태의 나무 기둥과 구 또는 원뿔 형태의 가지와 잎), 집(직육면체의 건물과 삼각뿔 형태의 지붕)
3단계	풍경 사진	산, 나무, 노을, 바위 등이 보이는 풍경 사진

주변의 익숙한 사물과 풍경을 살펴 위 단계로 구성된 사진들로 문제를 맞히는 활동을 해 봅니다. 사진을 보여 주면 아이들은 각자 주어진 도형 카드

중 어울리는 카드를 골라 놓습니다. 그다음 지명된 아이가 나와서 전체 학생에게 사진과 도형 카드를 비교해 보여 주며 함께 사진 속 도형을 발견합니다. 이때 중요한 점은 발견한 도형의 정답과 오답을 가려내기보다 아이들이 서로 토의하는 데 활동의 중점을 두어야 한다는 것입니다. 이와 같이 아이들과 사진을 보며 다양한 도형을 찾아보고 도형을 바로 찾아내기 어려운 사진이 나오기 시작하면 반 전체, 짝, 부모님과 함께 사진 속 우리 주변의 도형적 특징을 발견하며 즐거움을 느끼도록 합니다.

③ 풍경을 도형으로 그려 보기

두 번째 활동을 통해 세잔의 눈으로 우리 주변을 새롭게 보는 연습이 되었다면, 이제는 세잔의 눈으로 그림을 그릴 차례입니다. 인터넷에서 찾은 사진을 활용할 수도 있지만, 가장 좋은 대상은 잠깐 창문에 비친 풍경이나 우리 학교 주변의 풍경입니다. 아이들과 직접 사진 찍는 시간을 가져도 좋습니다. 사진을 찍으며 '우리 학교의 나무가 이런 형태였구나, 해는 동글동글 공 모양을 닮았네, 아이들이 정글짐을 오르는 모습이 꼭 원뿔 모양 같다.' 등을 느끼는 동시에 그림으로 표현하고 싶은 대상을 발견할 수 있습니다. 몇 장의 사진을 찍고 난 뒤에는, 자신이 찍은 사진을 보며 사진 속 도형적 특징을 발견하고 이를 형태 중심으로 배치하며 그림을 그리도록 안내합니다. 이때 앞서 감상한 세잔의 작품을 함께 제시하면 도움이 됩니다. 그림을 다 그렸으면 아이들이 그린 작품을 전시하고, 친구들 작품 속에서 대상과 연결되는 도형을 찾아보며 이야기 나누는 시간을 가져 보세요. 이런 경험이 충분히 이루어진다면 우리 아이들이 언젠가 미술관에서 세잔의 작품을 마주했을 때 어떤 눈으로 이 작품을 감상해야 할지 알아차릴 수 있고, 실제로 아이들이 느낄 감동도 배가 되겠죠?

활동 21 **입체를 평면으로 펼쳐요**

평면의 캔버스 위를 입체 작품으로 만든 화가가 있습니다. 바로 천재 화가 파블로 피카소인데요. 피카소는 캔버스 위에 사물이나 사람 등을 표현할 때 이들이 가진 입체적 특징을 관찰하고 수많은 조각으로 캔버스에 나타냈다고 합니다. 세상은 기존의 주류에 머무르지 않고 새롭고 획기적인 방식을 도입하는 사람에게 '천재' 타이틀을 수여합니다. 그러나 천재 피카소는 모든 작업을 홀로 구상하지 않고 세잔, 마티스, 브라크 등 동료 작가들과 영향을 주고받으며 자신만의 작품 세계를 만들어 갔다고 합니다. 그 때문에 피카소 작품에서는 세잔의 유산, 마티스의 특징을 찾아볼 수가 있습니다. 지금부터 피카소가 이러한 영향을 어떻게 자신만의 것으로 만들어 갔는지 알아봅시다.

① 피카소 작품 감상하기

화가 피카소를 모르는 사람이 있을까요? 아마 피카소의 작품은 모르더라도 피카소의 이름을 모르는 사람은 없을 것 같습니다. 많은 화가가 활동 당시에는 인정받지 못하여 힘든 생활을 하다 사후에 비로소 인정받습니다. 대표적으로 고흐가 그런 삶을 살았던 화가였죠. 그러나 피카소는 작품 활동을 하던 당시에도 화가로서 화려한 삶을 살았습니다. 1881년 출생 1973년 사망으로, 현대에서 그리 멀지 않은 시기까지 활동한 스타 화가였습니다. 미술 천재라는 별명을 당시에도 달고 살았으나, 피카소 역시도 자신만의 화풍과 작업 방식을 처음부터 갖춘 것은 아니었습니다. 무명 신인이었을 때 피카소는 우연히 마티스의 〈모자를 쓴 여인〉을 보고 이전까지 자신이 본 작품들, 자신이 그린 작품들과는 전혀 다른 방식으로 색채를 사용한 데 큰 충격을 받았습니다. 이후로 새로운 관점으로 작품 활동에 임하게 되는데 이 과정에서 마티스가 표방하는 '세잔식 관점'도 본인의 표현 방식으로 끌고 오게 됩니다. 피카소가 마티스를 따라 한 것 같기도 하지만 피카소가 스펀지 같은 사람이었다고 말할 수 있습니다. 마티스가 세잔의 영향을 받아 자연의 본질을 자유로운 색채 표현으로 발전시켰다면, 피카소는 다시점에서 형태를 바라본 세잔에게 강렬한 단서를 얻어 대상의 형태에서 자유로워지는 방식을 발전시켰습니다. 다시점이란 여러 각도에서 본 모습을 한 화면에 동시에 표현하는 것을 말해요. 이를 후대의 사람들은 입체파(입체주의)라고 이름 붙였죠. 아이들에게 입체파라는 표현이 조금 어려울 수 있으니, 작품을 보면서 이해해 보도록 합시다.

피카소의 〈기타〉라는 작품에서 입체파의 특징을 찾아봅니다. 실제 기타 사진과 비교해 볼까요? 실제 기타는 우리 눈에 보이는 단면 모습만 관찰할 수 있습니다. 그러나 피카소는 눈에 보이는 형태에서 자유로워지기 위하여 다양한 시점에서 기타를 관찰하고 이를 작은 조각으로 쪼개어 캔버스 위에 재구성했습니다. 이전의 예술 작품들이 아름다워 보이기 위해 형태를 모방하고 재현하는 데 집착한 반면, 피카소는 이를 자신만

〈기타〉, 파블로 피카소, 1914

의 방식으로 재구성하기 위해 실험과 탐구를 멈추지 않았습니다. 이후 이러한 작업 방식과 예술에 대한 관점이 대세가 되었고 예술의 본질에 대해 사람들에게 다시 질문을 던졌습니다. 피카소에게 '입체파의 창시자'라는 타이틀을 가져다준 작품을 하나 더 볼까요?

피카소의 작품 〈아비뇽의 처녀들〉에서 그는 마티스, 세잔의 다시점이 더

욱 발전된 형태를 보여 주었습니다. 두세 개의 시점 정도로 표현되던 작품의 시점을 겁 없이 무한대로 쪼갰습니다. 애초에 아름다움을 묘사하려는 목적으로 그리지 않았습니다. 마치 작품 속 여인들의 인체를 수많은 조각으로 쪼갠 뒤 맞지 않은 조각들을 하나로 이어 붙인 것 같습니다. 예술 작품은 아름다워야 한다는 인식을 버리고 사물, 인간, 풍경, 상황 등을 여러 조각으로 쪼개어 재배치한 피카소의 작품들. 다른 어떤 세밀화보다 훨씬 생동감 넘치는 입체 작품 아닌가요?

② 대상을 여섯 방향에서 관찰하여 정육면체에 그리기

피카소는 세잔의 영향으로 다양한 대상을 도형으로 보았습니다. 여기서 더 나아가 형태로부터 자유로워지는 입체파적인 표현을 시도했죠. 피카소의 표현 방식을 잘 이해하기 위해 주변에서 아이들이 자주 사용하거나, 좋아하는 물건을 하나 골라서 피카소처럼 표현해 보도록 합시다. 아이들이 좋아하는 장난감, 자전거, 의자, 수도꼭지, 다양한 소리를 내는 악기들, 이동 수단 등 어떤 것이든 좋습니다. 하나를 골랐나요? 그럼 이제부터 '의자'를 예로 들어 설명하겠습니다. 먼저 하나의 사물을 다양한 방향에서 관찰합니다. 이를

사물 관찰하기

통해 하나의 사물도 앞에서 볼 때와 옆에서 볼 때, 어느 위치에서 보는지에 따라 그 모습이 달라진다는 걸 알 수 있습니다. 피카소는 사물의 이러한 입체적인 모습을 보고, 사물을 도형처럼 표현하였습니다. 스스로 관찰하기를 어려워하는 아이들에게는 아래 사진과 같이 사물을 바닥에 놓은 뒤 라벨지로 관찰 방향을 정해 주거나, 함께 다양한 방향에서 사진을 찍으며 그 모습을 비교하고 관찰하도록 도와줄 수 있습니다.

아이들이 관찰을 충분히 한 것 같다면 다음과 같은 정육면체 전개도를 제시하고 총 6개의 면에 관찰한 사물의 여러 모습을 그리도록 합니다.

정육면체는 6개의 면이 있습니다. 예시 작품 속 의자를 예로 들면, 정육면체 안에 의자를 놓고 의자를 앞에서 보았을 때, 위에서 보았을 때, 옆에서 보았을 때, 밑에서 보았을 때 각 시점에서 보이는 손잡이, 다리 등을 표현하였

'정육면체에 그리기' 활동지와 예시

습니다. 6개의 면에 고정적으로 보여야 하는 방향(모습)은 없다는 것을 말해주며 아이들이 관찰한 모습을 정육면체에 옮겨 보는 활동에 집중하도록 합니다. 전개도에 사물의 다양한 방향에서 관찰한 모습을 모두 그렸으면 정육면체를 만들도록 합니다. 아이들과 완성된 정육면체 속 사물을 실제 사물과 비교해 보면서 실제 사물을 정육면체에 옮겨 본 소감과 내가 평소 그림을 그릴 때 묘사한 사물의 모습이 어떻게 다른지 이야기를 나누다 보면 아이들이 자연스럽게 입체파 표현의 특징(다시점)을 느끼게 됩니다.

정육면체로 조립된 의자

③ 정육면체를 펼치고 잘라서 한 화면에 붙이기

정육면체로 표현한 사물의 모습에 대해 충분히 이야기 나눈 뒤, 본격적으로 피카소(입체파)처럼 작품을 만들어 봅니다. 먼저 앞서 만들었던 정육면체를 다시 해체하는 과정이 필요합니다. 이때 전개도가 찢어지지 않도록, 전개도를 결합할 때 접착력이 강한 풀이나 테이프 말고, 마스킹 테이프처럼 접착력이 약한 도구를 활용하세요. 다음 사진과 같이 정육면체를 결합한 마스킹

6개의 면을 해체하기

테이프를 조심스레 떼어 내고 6개의 면을 선 따라 자릅니다.

　해체한 면을 펼쳐 놓고 어떤 것을 표현할 수 있을지 고민해 보도록 지도합니다. 의자를 해체하여 '수도꼭지'라는 새로운 대상을 탄생시킬 수도 있고, 재조합하여 입체적인 모습을 한껏 살린 새로운 의자를 표현할 수도 있습니다. 다양한 표현을 위해서 더 잘게 잘라도 좋으며, 이어 붙이든, 쌓아 올리든, 덧붙여 그림을 그리든 어떤 표현도 모두 가능합니다. 다음 예시를 참고하여 아이들과 피카소로부터 영감을 받은 작품을 만들어 봅시다.

　함께 세잔의 영향을 받았지만 각자 다른 길을 걸은 마티스와 피카소의 이야기는 참 재미있습니다. 어릴 때 미술을 전혀 공부하지 않았지만 어른이 되고 나서야 화가가 된 마티스와 달리, 피카소는 어려서부터 천부적인 재능을 보였습니다. 또 마티스는 감정적으로 그림을 그린 반면, 피카소는 이성적이고 분석적으로 그림을 그렸어요. 그래서 두 화가의 작품이 주는 느낌 역시 다릅니다. 너무나도 다른 두 사람은 동시대를 살아간 라이벌이었고, 서로를 의식하며 작품 활동을 이어 갔습니다. 여러분은 누구의 작품이 더 마음에 드

의자를 수도꼭지로 재구성한 그림

나요? 둘 중 어떤 스타일이 더 자신의 취향에 가까운지 고르는 것도 재미있는 미술 이야기에 동참하는 하나의 방법입니다. 아마 자신이 선택받지 못한다면 자존심 상한 두 화가가 하늘에서 화를 낼지도 모르겠네요.

야수파와 입체파 수업에서 쓰기 좋은 수업 도구

1) 그림책 『마티스의 정원』(사만사 프리드먼 글/크리스티나 아모데어 그림, 주니어RHK, 2014)

뉴욕현대미술관(MoMA) 예술 그림책 시리즈 중 하나인 『마티스의 정원』은 마티스의 컷아웃 작품이 떠오르는 그림들로 이루어져 있습니다. 그림책을 하나 보는 것만으로 컷아웃이 무엇인지, 마티스가 어떤 방법으로 작품을 만들었는지 알 수 있어요. 무엇보다 마티스의 가장 큰 특징인 강렬한 색감을 체험할 수 있는데요. 색종이 콜라주 활동을 하기 전에 읽으면 작품의 주제부터 표현 방법과 색까지 영감을 떠올리는 데 도움을 받을 수 있어요.

2) 그림책 『피카소의 엉뚱한 바지』(니콜라스 앨런 글·그림, 웅진주니어, 2011)

모두가 안 된다고 할 때 "할 수 있어!"라고 끊임없이 외친 사람이 있었으니, 바로 파블로 피카소입니다. 모두가 눈에 보이는 부분만을 그릴 때, 눈에 보이지 않는 모든 면까지 한 면에 그릴 수 있다고 생각했으며, 포기하지 않고 그린 결과 위대한 명화들을 탄생시켰어요. 모두가 뚱뚱해 보인다며 세로 줄무늬 바지만 입을 때 피카소는 가로 줄무늬 바지를 입기도 했죠. 창의적이면서도 긍정적인 피카소의 태도와 함께 그의 초기 작품부터 감상할 수 있는 아주 재미있는 책이랍니다.

8장 추상주의: 무엇인지 몰라도 아름다운

● 작품 감상

〈구성 Ⅷ〉, 바실리 칸딘스키, 1923

러시아에서 태어난 칸딘스키는 서른 살에 모스크바에서 처음 열린 프랑스 인상주의 전시회에서 모네의 〈건초더미〉 연작을 보았어요. 처음에는 작품을 봐도 무엇을 그린 건지 알 수 없었던 그는 작품 목록을 보고서야 건초더미를 그린 그림이라는 사실을 깨달았대요. 그때 칸딘스키는 무엇인지 알아볼 수 없는 그림을 그리기가 가능하다는 점과 알아볼 수 없는 그림도 아름답게 느껴진다는 점에 혼란스러워했다고 합니다. 그러고는 법학자의 길을 뒤로 한 채, 독일의 뮌헨으로 가서 순수미술을 배우기 시작합니다. 칸딘스키의 예술 세계에 큰 영향을 끼친 또 다른 경험은 바로 바그너의 오페라 〈로엔그린〉을 관람한 일입니다. 칸딘스키는 오페라를 들으며 눈앞에 색과 선이 보이는 경이로운 경험을 했어요. 음악이 그림이 되는 순간을 경험한 것이죠. 이런 경험을 바탕으로 칸딘스키는 최초로 음악을 그림으로 그려 낸 '추상주의' 화가가 됩니다.

'추상주의'란 눈에 보이는 대상을 그리는 '구상미술'이 아니라 점, 선, 면, 색 등의 순수한 조형 요소로만 이루어진 미술을 뜻합니다. 빛에 따라 변하는 모습을 포착한 인상주의, 색채를 강조한 야수파, 여러 각도에서 보이는 모습을 조합한 입체파는 각각의 표현 방법은 다르지만 정해진 대상을 표현하려고 노력합니다. 하지만 추상주의는 대상을 재현하고 묘사하는 것을 벗어나 오로지 색과 형태만 이용해 완벽히 순수한 미술을 추구했어요.

칸딘스키는 자신의 책 『예술에서의 정신적인 것에 대하여』에서 색에 대한 자신만의 이론을 정리했습니다. "노랑은 불안함을 주고, 폭력적인 성격을 나타낸다.", "초록은 존재하는 모든 색 중에서 가장 평온한 색이다.", "흰색은 가능성으로 가득 차 있는 침묵, 회색은 음향과 운동이 없어 절망적인 부동성이

다."라고 말했어요. 또 "밝은 청색은 플루트, 어두운 청색은 첼로, 색조를 심화시키면 콘트라베이스", "초록색은 온화한 중간 톤의 바이올린", "빨강은 강렬한 트럼펫의 울림" 등 색과 악기 소리를 연관 지어 해석하고 표현했어요. 그림에 음악을 결합한 칸딘스키는 〈인상〉, 〈즉흥〉, 〈구성〉 연작을 발표합니다. 그중 완전한 추상 작품인 〈구성 Ⅷ〉을 감상해 볼까요? 이 작품은 이 세상에서 눈으로 볼 수 있는 구체적인 대상을 묘사한 그림이 아닙니다. 오로지 직선과 곡선, 원과 삼각형, 사각형으로만 표현되었어요. 왼쪽 상단의 검은 원은 뭔가 응축된 에너지를 나타낸 듯합니다. 검은 원을 감싼 붉은 색은 그 에너지가 서서히 확장되고 있는 것 같아요. 어지럽게 흩어진 선들과 다채로운 원들에서 자유로움이 느껴지는 동시에 한가운데 뾰족한 선은 긴장감을 주고 있어요. 그 뾰족한 선 밑을 가로지르는 수평선은 차분하게 우리를 달래는 듯하네요. 사실 칸딘스키의 작품에는 정해진 답이 없답니다. 각각의 색과 도형에서 어떤 느낌이 드나요? 눈으로 보는 교향곡이라 불리는 이 그림과 어울리는 음악은 무엇일까요? 아이들이 자신만의 감상으로 칸딘스키의 작품들을 해석할 수 있도록 수업을 준비해 봅시다.

● **주요 구성**

1	그림, 음악을 만나다(1): 그림을 음악으로	• 칸딘스키의 작품 감상하고 해석하기 • 크롬 뮤직랩 '칸딘스키'를 이용하여 그림을 음악으로 표현하기
2	그림, 음악을 만나다(2): 음악을 그림으로	• 비발디 《사계》 중 〈가을〉을 듣고 느낌 정리하기
3	음악으로 그림 그리기	• 정리한 느낌을 조형 요소로 표현하기

● 활동 설명

앞서 이야기한 것처럼 추상주의를 대표하는 화가 중 한 명인 칸딘스키에게 강렬한 영감을 준 것은 '음악'이었습니다. 아이들도 칸딘스키처럼 미술과 음악이 한데 어우러지는 색다른 경험을 한다면 어떤 신선한 작품을 탄생시키게 될까요? 이런 기대를 안고 준비한 수업이 바로 '그림, 음악을 만나다'입니다. '그림, 음악을 만나다'는 '그림으로 음악을 표현하는' 첫 번째 차시와 '음악으로 그림을 표현하는' 두 번째 차시로 진행되고, 음악을 들으면서 느낀 바를 조형 요소로 표현하는 활동으로 마무리됩니다.

활동 22 그림, 음악을 만나다(1): 그림을 음악으로

① 칸딘스키 작품 감상하기

본격적인 활동 전, 칸딘스키의 작품을 감상하며 추상주의 사조가 무엇인지 이해하는 시간을 갖습니다. 칸딘스키의 초기작이라고 할 수 있는 〈푸른 산〉과 〈보트가 있는 가을풍경〉을 감상하고 난 뒤, 1910년 작인 〈교회가 있는 무르나우〉와 〈교회가 있는 무르나우 Ⅱ〉를 살펴봅니다.

〈교회가 있는 무르나우〉 연작을 감상할 때는 제목을 말해 주지 않고 무엇을 그린 것 같은지 탐색해 보는 시간을 갖습니다. 저마다 그림을 살펴보며 상상의 나래를 펼치고 대답하는 과정 자체만으로도 아이들은 미술 작품에 남다른 애정을 갖게 되기 때문입니다. 창의적인 아이들의 대답을 듣고 난 뒤, 제목을 말해 주면 그제야 "아, 저게 교회구나!" 하는 반응이 터져 나옵니다. "그런데 무르나우는 뭐예요?"라고 질문을 쏟아내는 아이들에겐 "무르나우는 칸딘스키가 1906년부터 1908년까지 머물렀던 바이에른 지역의 작은 마

〈교회가 있는 무르나우〉, 바실리 칸딘스키, 1910   〈푸른 산〉, 바실리 칸딘스키, 1908-1909

을 이름이란다." 하고 대답해 줍니다. 특히 〈교회가 있는 무르나우 Ⅱ〉가 2023년 3월에 경매에 나와 590억 원이라는 엄청난 금액에 팔렸다는 사실을 알려 주면 아이들의 입에서 "와! 엄청 대단한 그림인가 보다!" 하는 감탄도 들을 수 있답니다.

이렇게 작품에 대한 흥미를 불러일으킨 다음, 칸딘스키의 화풍이 어떻게 변화했는지 살펴봅니다. 〈푸른 산〉과 〈교회가 있는 무르나우〉는 제작 시기가 불과 2년밖에 차이 나지 않음에도 확연하게 다른 화풍을 보여 줍니다. 같은 사람이 그렸다고는 믿기 힘들 정도의 차이지요. 이 두 작품을 나란히 놓고 모둠별로 어떤 점이 달라졌는지 찾아 써 보게 합니다. 다음은 아이들이 찾은 두 작품의 차이점입니다.

작품명	〈푸른 산〉	〈교회가 있는 무르나우〉
대상	무엇을 그렸는지 정확하게 알 수 있다.	대상을 색과 형태로 드러냈다.
선	대상을 구분하는 선들이 명확하다.	구분하는 선이 아니라 자연스럽게 만들어진 선의 느낌이다.
색	강렬하고 다양한 색들이 사용됐다.	단순한 색들을 부드럽게 섞어 썼다.

이 과정에서 아이들은 칸딘스키의 작품 세계가 시간이 갈수록 대상을 단순한 선과 색으로 표현하는 것으로 변화했음을 확인하게 됩니다. 이를 통해 칸딘스키의 작품처럼 대상의 형태를 선과 면, 색으로 표현하는 미술을 '추상주의'라 한다고 정의해 줍니다.

그다음, 칸딘스키의 대표작이라고 할 수 있는 〈인상〉, 〈즉흥〉, 〈구성〉 연작과 오페라 〈로엔그린〉의 만남 등을 소개하며 그가 표현한 세계가 음악을 만나서 어떤 식으로 발전했는지 더 깊이 들여다보는 시간을 갖습니다.

② 크롬 뮤직랩 '칸딘스키' 안내하기

칸딘스키의 작품으로 추상주의가 무엇인지 알았으니 이제 이를 직접 표현해 볼 차례입니다. 먼저 그림을 음악으로 표현하는 활동을 해 봅니다. 이때 활용하는 도구가 바로 크롬 뮤직랩에 있는 '칸딘스키(KANDINSKY)'라는 프로그램입니다. '칸딘스키' 활용법은 다음과 같습니다.

크롬 뮤직랩 '칸딘스키' 활용법

(1) 크롬 브라우저에서 '크롬 뮤직랩'을 검색합니다.
(2) 'KANDINSKY'를 클릭합니다.
(3) 그리고 싶은 그림을 자유롭게 그립니다.
(4) 재생 버튼을 클릭해서 어떤 음악이 만들어졌는지 들어 봅니다.

크롬 뮤직랩 '칸딘스키' 사용 화면

③ 그림을 음악으로 표현하기

'칸딘스키'는 어떤 그림을 그리느냐에 따라 재생되는 음악도 달라집니다.

선의 개수, 길이, 높낮이에 따라 미묘한 음의 변화가 있고, 그림을 추가하고 생략해 가면서 음악이 어떤 식으로 변화하는지 감상하는 재미가 있지요. 칸딘스키가 오페라에 영감을 얻어 그림을 그린 것처럼, 아이들은 각양각색의 음악을 그림으로 표현하는 즐거움에 푹 빠지게 됩니다.

아이들이 '칸딘스키'로 그린 그림 악보

처음에는 아무런 제약 없이 자유롭게 그리게 해 주세요. 손길 가는 대로 그림을 그리다 보면 그 안에서 발현되는 나름의 규칙을 찾게 되거든요. 선의 색깔을 바꾸며 연주하는 악기를 다양하게 바꿔 듣는 경험도 하게 합니다. 같은 음악이라도 악기가 달라지면 완전히 다른 느낌을 받을 수 있으니까요.

그다음에는 나름의 규칙에 따라 점, 선, 면으로 그림을 그리고 이를 토대로 음악을 구현하는 연습을 합니다. 충분한 시도를 거쳐 내 마음에 드는 작품을 완성했다면, 모둠 친구들과 돌아가며 감상하는 시간을 갖습니다. 서로의 음악을 한 곡으로 모아서 하나의 음악처럼 감상하고 발표하면 더욱 좋습니다. 자유로운 표현 활동 속에서 아이들은 칸딘스키처럼 미술과 음악이 어우러진 공감각적 경험을 하게 될 것입니다.

활동 23 그림, 음악을 만나다(2): 음악을 그림으로

① 비발디 《사계》 중 〈가을〉 감상하기

그림을 음악으로 표현해 보았으니 이제는 음악을 그림으로 표현해 볼 차례입니다. 우선 음악을 한 곡 감상합니다. 아이들과 함께 감상한 음악은 비발디 《사계》 중 〈가을〉입니다. 바이올린 선율이 아름다운 〈가을〉은 우리에게 익숙한 곡일 뿐 아니라 다양한 상상을 담아 그림으로 표현하기에 좋은 곡이기도 합니다.

본격적으로 활동하기 전 분위기도 풀고 동기유발도 할 겸 놀이 활동을 한 가지 합니다. 바로 '교실 복권'입니다. 방법은 다음과 같습니다.

> 교실 복권 놀이 방법
> (1) 각자 포스트잇을 하나씩 나눠 갖습니다.
> (2) '가을' 하면 생각나는 단어 6개를 떠올려 포스트잇에 순서대로 적습니다.
> 　　예) 1번 단풍, 2번 은행, 3번 추석, 4번 허수아비, 5번 추수, 6번 미감
> (3) 선생님이 '가을' 관련 단어 6개를 발표합니다.
> (4) 선생님이 발표한 번호와 단어 모두 일치하면 50점, 단어만 일치하면 30점을 얻습니다.
> (5) 가장 많은 점수를 얻은 사람이 승리합니다.

이렇게 놀이를 통해 분위기를 풀고 난 뒤, 이번 시간에 들을 곡의 제목이 〈가을〉이라고 안내합니다. 어떤 분위기의 곡일 것 같은지 물으면 "쓸쓸할 것 같아요.", "차분하고 조용한 음악일 것 같아요." 등의 대답이 이어집니다. 아무래도 가을이라는 단어가 주는 이미지가 있으니 그러하겠지요. 하지만 곡의 첫 부분을 들려주면 "아! 이 노래!", "이거 엄청 유명한 곡이잖아요!", "이게

〈가을〉이에요? 몰랐어요." 하는 각양각색의 반응들이 자연스럽게 터져 나옵니다. 예상보다 훨씬 밝고 경쾌한, 곡식과 열매를 수확하는 축제의 노래에 아이들의 표정도 덩달아 환하게 밝아집니다.

음악을 듣고 난 뒤, 음악에서 느껴지는 감정을 이미지 카드로 나타내 봅니다. 음악에 어울리는 이미지 카드를 고르고, 왜 그 카드를 골랐는지 간단히 써 보는 것이죠. 아이들이 고른 이미지 카드는 이러합니다.

이미지 카드	카드를 고른 이유
	가을에 먹을 것도 많고, 농사도 잘돼서 다들 기뻐 보인다.
	다 같이 손잡고 축제를 벌이는 모습이 상상된다.
	가을의 시원한 느낌이 든다. 할 일을 다 끝내 놓았으니 홀가분하게 즐겨도 될 것 같다.

이제 모둠원끼리 왜 해당 카드를 뽑았는지 돌아가며 이야기하게 한 뒤, 전체적으로 다시 한번 공유합니다. 음악에 대한 감상평을 말과 글로 먼저 풀어

내는 경험을 해야 그림을 훨씬 수월하게 그릴 수 있기 때문입니다.

② 그림 구상하기

이제 본격적으로 그림을 구상할 차례입니다. 이때 칸딘스키의 〈즉흥 31〉을 보면서 음악이 그림을 통해 어떻게 표현되는지 확인합니다. 칸딘스키가 악기의 음색을 색과 점, 선, 면으로 단순하고 부드럽게 표현한 것처럼 아이들도 〈가을〉을 들으며 느꼈던 감정들을 어떤 색과 점, 선, 면으로 어떻게 구성할 것인지 계획합니다. 색은 몇 가지를 쓸 것인지, 그 색에 어떤 감정이 녹아 있고 어떤 음색을 표현하는 것인지, 선은 어떻게 그을 것인지, 면은 어떤 모양을 사용할 것인지 구체적으로 계획할 수 있도록 독려합니다. 자칫 잘못하면 마음 가는 대로 낙서하는 수준에 머무를 수 있어서, 구상 단계에 신경을 많이 쓰도록 합니다. 이때 〈가을〉을 계속 들려주며 음악이 전달하는 느낌이 어땠는지 지속적으로 확인하도록 지도하는 것이 좋습니다.

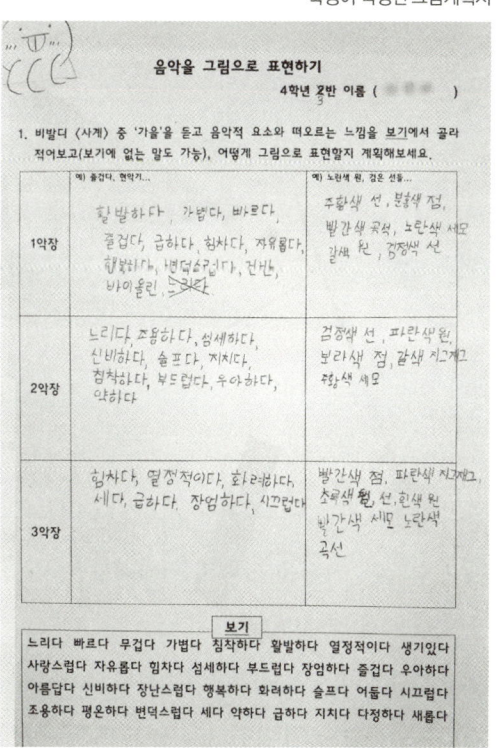

학생이 작성한 그림계획서

8장 | 추상주의: 무엇인지 몰라도 아름다운

활동 24 음악으로 그림 그리기

그림을 어떻게 표현할 것인지 구상했다면 도화지에 표현합니다. 색종이, 매직, 사인펜, 물감, 마스킹 테이프, 스티커 등을 활용해서 본인이 구상한 대로 자유롭게 그림을 그립니다. 이때 '보기 좋고 예쁘게'가 아니라 '내 감정과 생각을 충실하게' 드러내는 데 중점을 둬야 한다고 강조합니다. 이 과정에서 아이들은 다음과 같은 작품들을 탄생시켰습니다.

학생 작품	작품 설명
	주황색으로 된 큰 원은 생기 있는 느낌을 표현했습니다. 보라색 세모는 2악장에서 나온 어두운 음색을 뾰족하면서도 어두운 색으로 드러내고 싶었고, 초록색 원은 힘차게 나아가는 사람들의 모습을 상징합니다. 노란색 원과 빨간색 원은 즐겁게 어울리는 사람들을 보여 줍니다.

어떤가요? '어린이 칸딘스키'라고 불러도 될 만큼 자신의 작품 세계를 공감각적으로 충실히 구현해 냈지요? 예술이 분절되지 않고 한데 어우러졌을 때 가늠하기 어려운 시너지를 낸다는 점을 아이들이 이 수업을 통해 너무나도 훌륭히 증명해 보였답니다.

추상주의 미술을 공부하고 난 뒤, 아이들은 음악 시간에 노래를 부르고 나면 "이 노래는 노란색이야.", "아닌데? 초록색 같은데?" 하면서 색깔과 조형 요소로 감상을 표현하곤 했습니다. 그만큼 음악과 미술의 만남이 특별하게 다가왔던 모양이에요. 아이들이 오랜 시간 특별함으로 남았던 공감각적 경험을 마음속에 잘 담아 두길 바랍니다. 예술이 단지 예술로 머물지 않고 삶과 어우러질 때, 예술은 더욱 깊은 의미로 다가올 테니까요.

> **이런 수업도 있어요!**
>
> **몬드리안 그림 큐브 만들기**
>
> 칸딘스키가 '뜨거운 추상'의 대표 주자라면, 몬드리안은 '차가운 추상'을 대표하는 예술가입니다. 네덜란드에서 태어난 그는 "새로운 예술에서는 형태와 색이 사각 평면 위에서 통일된다."라고 이야기했지요. 그러면서 오로지 직선과 기하학적인 형태를 활용한 새로운 추상회화의 탄생을 알렸습니다. 그의 작품 세계는 현대 디자인 산업에도 엄청난 영향을 끼쳤죠. 몬드리안의 작품을 본떠 그림 큐브를 만들어 보세요. 상하좌우로 바뀌는 그림 큐브가 몬드리안의 작품을 특별하게 구현해 내는 것은 물론, 아이들의 상상력도 마음껏 자극한답니다.

그림 큐브 만드는 법

아이들이 만든 그림 큐브

추상주의 수업에서 쓰기 좋은 수업 도구

1) 그림책 『커다란 포옹』(제롬 뤼예 글·그림, 달그림, 2019)

『커다란 포옹』은 동그라미만으로 이야기를 이끌어 가는 인상적인 작품입니다. 동그라미가 커지기도 하고, 작아지기도 하며, 나뉘지거나 합쳐지기도 하면서 한 편의 추상미술 그림책을 보는 듯한 기분을 들게 하지요. 특별하고도 따뜻한 가족 이야기를 느낄 수 있어서 더욱 좋은 그림책이랍니다.

2) 작품의 완성도를 높여 주는 '도형 색종이'

칸딘스키와 같은 '뜨거운 추상' 미술 수업을 진행할 때, 일일이 점, 선, 면을 그리기보다는 다양한 크기와 모양으로 재단된 '도형 색종이'를 활용해 보세요. 색이 더 선명할 뿐 아니라 자유롭게 잘라서 쓰기도 좋아, 작품의 질을 더욱 높여 주는 고마운 도구랍니다.

9장 초현실주의: 꿈과 무의식을 표현하다

● **작품 감상**

〈꿈〉, 프리다 칼로, 1940

초현실주의는 1920년대 일어난 문학, 미술 전반에 걸친 예술 운동입니다. 제1차 세계대전을 겪으며 유럽은 폐허가 되었습니다. 사람들은 큰 상실감을 느꼈고, 19세기 산업과 과학의 발전, 기존의 문화와 전통에 회의를 느꼈습니다. 그래서 기존의 이성, 합리, 전통과 질서를 모두 거부하는 '다다이즘'이 탄생하게 됩니다. 그런데 마르셀 뒤샹의 〈샘〉과 같은 작품을 낳은 다다이즘이 내리막을 걷기 시작하고, 다다이스트 중 한 명이었던 앙드레 브르통이 『초현실주의 선언』을 발간합니다. 다다이즘과 초현실주의가 다른 점은 초현실주의가 프로이트의 영향을 크게 받았다는 점입니다. 프로이트는 꿈과 무의식의 세계가 이성과 의식보다 우월하며 인간의 대부분을 차지하는 본질이라고 말했습니다. 따라서 초현실주의자들은 꿈과 무의식을 탐구하고, 이를 표현함으로써 이성에 구애받지 않는 상상의 세계를 창조했습니다. 막스 에른스트, 르네 마그리트, 살바도르 달리, 호안 미로 등의 초현실주의자들이 이성 중심의 현실에서 벗어나 다양한 자신들만의 독특한 기법으로 초현실을 나타냈습니다.

초현실주의를 선언한 브르통이 초현실주의 화가라며 극찬한 이가 있었으니, 바로 멕시코에서 태어난 프리다 칼로입니다. 하지만 칼로는 자신이 초현실주의 화가로 분류되는 것을 싫어했어요. 자신은 철저히 현실만을 그린다고 주장했죠. 작품 속 그녀는 화살에 맞고, 칼에 찢기고, 피를 흘리며, 온갖 끔찍한 것들을 토해 냅니다. 이런 묘사를 두고 '현실을 그린 것'이라 말한 이유는 아마 그만큼 그녀의 삶이 고통스러웠다는 의미겠죠. 하지만 사람들은 칼로를 초현실주의 화가라고 생각했어요. 그리고 그녀 역시 초현실주의 전시회에 작품을 출품하기도 했답니다. 그렇다면 그녀의 작품 〈꿈〉을 살펴볼까요? 하늘을 떠다니는 침대 위에 잠든 여인이 있습니다. 침대 밑부터 올라온

덩굴이 여인까지 감싸고 있어 악몽에서 깨어날 수 없어 보입니다. 여인은 무슨 꿈을 꾸고 있을까요. 침대 위를 보면 죽음의 기운이 여인을 짓누르고 있는 듯합니다. 침대 위에 꽃을 들고 누운 해골을 폭탄이 감싸고 있습니다. 여인과 해골은 다른 듯 닮아 있습니다. 침대라는 공간은 칼로와 떼어 놓을 수 없는 공간입니다. 어렸을 때 소아마비로 고통받았고, 18세에 끔찍한 교통사고를 당해 침대에서 오랜 시간을 보냈기 때문이죠. 의사의 꿈을 포기하고 화가가 되기로 결심한 뒤 처음으로 그림을 그린 곳도 침대 위였습니다. 그림은 그녀가 고통스러운 삶을 포기하지 않고 계속해서 살아가게 해 주었습니다. 그런 점에서 침대는 칼로에게 삶과 죽음이 공존하는 공간이었다고 해석할 수 있습니다.

● **주요 구성**

1	초현실주의 기법으로 그리기	• 우연의 요소를 가지고 있는 초현실주의 기법 알기 • 데칼코마니, 프로타주, 파피에콜레 등 초현실주의 기법으로 작품 만들기
2	데페이즈망 기법으로 그리기	• 마그리트의 작품을 감상하며 '데페이즈망' 이해하기 • 구글 '이모지 키친'을 이용하여 새로운 이모지 만들기 • 결합하거나 다른 곳에 배치하여 데페이즈망 작품 만들기
3	기호로 그리기	• 상징적인 기호로 나타낸 미로의 작품 감상하기 • 자신이 표현하고 싶은 주제를 기호, 상징으로 간단하게 표현하기

● **활동 설명**

활동 25 초현실주의 기법으로 그리기

초현실주의는 이성적인 것을 거부하고 무의식을 표현하려고 했던 미술 사조입니다. 초현실주의자들은 기존의 전통이나 질서를 깨려고 노력했기 때문에 합리적인 것을 탈피하여 비합리적이고 우연적인 요소에 의존하는 표현 기법을 개발했습니다. 화가가 이성적으로 고민한 의도대로 표현한 것이 아니라 어쩌면 작가도 몰랐던 깊은 무의식 속에서 드러나는 우연적인 표현에서 진정한 예술이 탄생한다고 생각한 것이죠. 초현실주의자들이 무의식과 꿈의 세계를 표현했다고 해서 자유롭고 아무 생각 없이 작품 활동을 한 것 같지만 그러한 세계를 표현하기 위해서 굉장히 적합한 방법들을 연구하고 고안해 냈습니다.

① 프로타주

에른스트가 고안한 '프로타주'는 나뭇잎이나 천같이 올록볼록한 질감이 있는 물체 위에 종이를 대고 연필을 문지를 때, 물체의 무늬가 종이에 베껴지는 효과를 이용한 기법입니다. 에른스트는 오래된 나무 바닥의 두드러진 무늬를 보고 영감을 받아 프로타주를 개발했다고 합니다.

에른스트의 작품 〈나뭇잎의 관습〉을 보면 양옆에 나뭇결의 긴 직사각형이 있고, 그 사이에 나뭇잎이 기대어 서 있는 듯 배치되어 있습니다. 〈빛의 바퀴〉라는 작품에서는 나뭇잎과 동그란 물체를 이용하여 눈을 나타내고 속눈썹과 눈의 윤곽을 그려 넣었습니다. 프로타주 기법으로 우연의 효과를 가져와 눈빛은 비현실적이고 다소 섬뜩해 보입니다. 이처럼 프로타주 작품은 종이에 대고 연필로 문지른 대상을 어떻게 배치하는지, 그 위에 어떻게 표현하는지에 따라 같은 대상이라도 모두 다른 모습의 작품으로 나타날 수 있습니다.

〈빛의 바퀴〉,
막스 에른스트, 1925

먼저 아이들과 주변에서 질감이 있는 물체를 찾습니다. 나뭇잎, 동전, 벽의

프로타주 기법을 활용한 학생의 작품

갈라진 틈, 공원 벤치의 나뭇결, 스웨터의 패턴 등을 활용할 수 있습니다. 두 번째는 그 물체들의 전체 혹은 일부를 작품에 어떻게 배치할 것인지 결정하여 프로타주 기법으로 종이에 표현합니다. 마지막으로는 연필을 이용하여 덧붙일 부분을 그려 넣어 작품을 완성합니다.

② 데칼코마니

데칼코마니는 스페인의 화가 오스카 도밍게스가 처음 선보인 것으로, 유리 같은 물감이 흡수되지 않는 판에 물감을 올리고 종이로 찍어 내거나 종이 위에 물감을 바르고 반으로 접었다 펴는 방법입니다. 이는 작가가 의도하여 그린 것이 아니라 물감이 퍼지는 우연의 효과를 이용한, 무의식적이고 비합리적인 초현실주의 기법입니다. 에른스트는 프로타주뿐만 아니라 데칼코마니를 이용한 작품도 그렸는데 바로 〈비 온 뒤의 유럽〉이 그중 하나입니다. 데

〈비 온 뒤의 유럽〉,
막스 에른스트,
1940-1942

칼코마니의 우연적인 요소를 활용한 이미지들이 작품의 대부분을 이루는데 마치 황폐화된 유럽의 모습처럼 보입니다. 이 작품이 1940년에서 1942년 사이에 그려진 것으로 보아서는 제2차 세계대전으로 인해 망가진 유럽의 모습을 그린 것이 아닐까 추측되네요.

아이들과는 간단히 도화지 한 장을 반으로 접었다 편 후 왼쪽에 물감 튜브를 짜고 다시 접었다 펴서 찍어 내는 것으로 데칼코마니 활동을 할 수 있습니다. 물감으로 어떤 형체를 의도적으로 표현하는 방법보다, 튜브 그대로 짜서 무의식적으로 표현하는 방법이 초현실주의에 더 가까울 것 같아요. 색의 조화나 대비를 고려하여 두 가지 이상의 색을 사용해 보세요. 또한 물감이 퍼져 나가고, 조금씩 섞이기도 하는 우연의 효과와 작품을 펴 보기 전까지 어떻게 찍힐지 몰라 기대감을 선사하는 데칼코마니의 매력을 느껴 보시기 바랍니다.

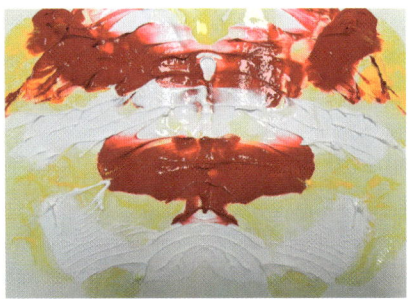

데칼코마니 기법을 활용한 학생의 작품

③ 그라타주

그라타주는 요즘 '스크래치'라고도 불리는 기법입니다. 크레파스나 물감

〈투계〉, 이중섭, 1955

을 칠하고 그 위에 다른 색을 덧칠한 다음, 뾰족한 도구로 긁어 내어 아래 깔린 색을 드러내는 기법입니다. 에른스트 역시 그라타주 기법을 활용했고 우리나라 화가로는 이중섭이 사용하기도 했습니다. 이중섭의 작품 〈투계〉는 유화용 나이프로 긁어내어 두 마리의 닭이 싸우는 장면을 표현했습니다. 오른쪽의 붉은 닭이 부리를 크게 벌려 왼쪽의 푸른 닭을 공격하고 있습니다. 푸른 닭은 아래에 깔린 두 발을 내밀고 어떻게든 공격을 막아 보려 애쓰고 있네요. 이중섭은 그라타주 기법을 이용하여 두 닭이 싸우는 모습을 공격적이고 거칠게 표현했습니다.

현대에는 그라타주 용지를 따로 만들 필요가 없이 '스크래치 페이퍼'를 사용하면 편리하게 그라타주를 해 볼 수 있습니다. 종이를 긁어낼 도구로는 나무젓가락을 연필깎이에 깎아서 사용할 수 있습니다. 선으로 표현하기에 효과적인 작품 주제를 떠올리고 자유롭게 그라타주 작품을 그려 보세요.

스크래치 기법을 활용한 학생의 작품

④ 콜라주/파피에콜레

파피에콜레는 신문, 잡지, 악보 등의 인쇄물을 잘라서 붙이는 것을 말합니다. 처음 피카소와 브라크 같은 입체파가 사용한 기법이지만 이후 초현실주의에서도 많이 사용되었습니다. 파피에콜레에서 발전하여 인쇄물 외의 실, 천, 깃털, 모래, 깡통 같은 것을 붙이는 콜라주가 탄생했습니다. 파피에콜레와 콜라주 작품은 전혀 다른 것들을 한 화면에 붙이면서 새롭게 얻어지는 우연의 효과를 볼 수 있습니다. 에른스트의 작품 〈구름 위에서〉를 보면 아래 구름이 깔려 있고 그 위를 여인의 두 다리가 걷고 있습니다. 그런데 여인의 다리 위에는 사람의 상체가 아니라 특이한 모양의 직물이 붙어 있어요. 아무 관련이 없는 두 대상을 이어 붙이자 비현실적인 무의식 세계 속에 있는 듯한 느낌이 듭니다.

〈구름 위에서〉,
막스 에른스트, 1920

잡지 한 권으로 손쉽게 파피에 콜레 작품을 만들 수 있습니다. 잡지를 펼치고 마음에 드는 페이지 몇 장을 선택합니다. 어떤 의도도 없이 그냥 봤을 때 눈길이 가고 마음이 끌리는 부분을 잘라 보세요. 이제 자른 조각들을 자유롭게 화면에 붙입니다. 이어 붙여도 되고, 겹쳐서 붙여도 됩니다. 구기거나 접어서 붙일 수도 있겠네요. 아니면 아예 찢거나 구멍을 내서 붙여 보면 어떨까요? 다른 페이지에 있

파피에콜레 기법을 활용한 학생의 작품

던, 어울리지 않는 조각들이 한 화면에 구성되었을 때 느껴지는, 우연적이고도 환상적인 무의식의 세계를 경험해 보세요.

⑤ 오토마티즘(자동기술법)

오토마티즘은 대표적인 초현실주의 기법으로, 말 그대로 생각하거나 의도하지 않고 손과 붓이 가는 대로 그리는 것을 말합니다. 오토마티즘이라는 용어는 초현실주의를 선언한 프랑스의 시인 앙드레 브르통이 만들었습니다. 처음에는 시나 소설 등의 문학에서 작가의 무의식이 떠오르는 대로 가감 없이 써 내려가는 것이었지만 프랑스 화가 앙드레 마송이 이 기법을 미술에 활용하여 작품을 그렸습니다. 앙드레 마송의 작품 〈오

〈오토매틱 드로잉〉, 앙드레 마송, 1924

토매틱 드로잉〉,〈군상〉,〈새의 탄생〉 같은 작품을 보면 실체를 알 수 없는 선들이 어지럽게 엉켜 있습니다. 그야말로 작가가 어떠한 의도도 없이 그저 손이 움직이는 대로 그린 작품이죠. 자칫 낙서처럼 보이는 이 작품의 기법은 누구나 도전할 수 있는 미술 기법입니다. 진정한 무의식을 표현한다는 점에 있어서 초현실주의의 가장 중요한 기법이라고 할 수 있습니다.

오토마티즘 기법을 활용한 학생의 작품

활동 26 데페이즈망 이해하기

데페이즈망은 어떤 사물을 일상과 다른 관계에 두어 충격을 주는 기법을 말합니다. 예를 들어 절대 있어서는 안 될 장소에 사물을 위치시키거나 연관이 전혀 없는 두 대상을 함께 두거나 아예 합쳐 버리는 것입니다. 데페이즈망을 이용한 작품은 보는 사람에게 시각적인 충격을 주어서 초현실인 느낌을 줄 수 있습니다. 초현실주의(특히 데페이즈망)를 대표하는 유명한 시구가 있습니다. "재봉틀과 양산이 해부대에서 만나듯 아름다운." 로트레아몽의 「말도로르의 노래」라는 시 중 한 구절인데요. 재봉틀과 양산은 일상생활에서 흔히 볼 수 있는 물건들입니다. 그렇지만 두 물건이 해부용 탁자 위에 함께 있는 모습은 상상해 본 적이 없을 거예요. 이렇게 일상적인 물건도 어디에 있는지, 무엇과 함께 있는지에 따라 초현실적인 느낌을 줄 수 있다는 것이 바로 데페이즈망의 개념입니다. 데페이즈망을 가장 작품에 잘 나타낸 화가는 바로 마그리트를 들 수 있는데요. 데페이즈망을 어떻게 나타낼 수 있는지 마그리트 작품을 함께 감상하면서 보면 이해가 좀 더 쉬울 것입니다.

① 데페이즈망의 종류 알아보기

크기 변형하기

마그리트의 〈청취실〉을 보면, 거대한 사과 하나가 방 안을 가득 채우고 있습니다. 실제라면 방의 아주 작은 부분을 차지했을 사과를 몇백 배로 확대해서 초현실적인 느낌을 주고 있습니다. 마그리트의 또 다른 작품 〈개인적 가치〉에서는 더 많은 물건의 크기를 변형합니다. 왼쪽 침

〈청취실〉,
르네 마그리트, 1958

대 위에 있는 빗은 침대보다도 더 커다랗고 무겁게 벽에 기대어 있습니다. 옷장 위의 브러시, 바닥의 성냥개비, 방 한가운데 있는 유리잔 역시 실제보다 훨씬 크게 확대해서 그렸습니다. 제목과 연관 지어 생각했을 때 마그리트는 개인적인 가치에 따라 작은 물건을 크게, 큰 물건을 작게 그릴 수 있다고 생각한 듯합니다.

아이들과 작품 활동을 할 때도 마그리트처럼 자신이 중요하다고 생각하는 물건을 크게 그릴 수 있습니다. 먼저 일상적인 방 사진을 하나 제시합니다. 빈 종이에 자신이 중요하게 생각하는 물건이나 크게 변형시키면 재밌을 것 같은 물건을 크게 그립니다. 색칠까지 마친 그림을 오려서 방 사진에 붙

이면 크기를 변형시킨 데페이즈망 작품이 완성됩니다. 만약 그리기에 익숙하지 않은 아이들이라면 사진을 인쇄하여 붙이는 것도 좋습니다.

크기 변형을 활용한 학생의 작품

이질적으로 조합하기

마그리트의 〈이미지의 배반〉은 파이프 그림이 그려져 있고 아래에는 프랑스어로 된 문장이 하나 적혀 있습니다. 이 문장을 해석하면 "이것은 파이프가 아니다."입니다. 파이프를 그려 놓고 이것은 파이프가 아니라니, 도대체 무슨 말일까요? 엄연히 말하면 파이프 그림이지, 파이프가 아니라는 뜻일까요? 아니면 파이프 자체와 '파이프'라는 언어는 사실 아무 관계가 없다는 것을 말하고 싶었을까요? 어찌 되었든 마그리트는 그림과 의미가 맞지 않는 문장을 적음으로써 존재의 본질에 대해 다시 생각하게 합니다. 〈꿈의 열쇠〉에서도 같은 방식으로 그림을 그렸습니다. 달걀, 구두, 중

〈이미지의 배반〉,
르네 마그리트, 1929

절모, 양초, 유리컵, 망치를 그리고 각각 아카시아, 달, 눈, 천장, 폭풍, 사막이라고 이름 붙여 이미지와 다른 뜻의 언어를 결합시켰습니다.

〈빛의 제국〉에서는 어딘가 이상함이 느껴집니다. 분명 어두운 길가에 켜진 가로등을 보면 밤인데 하늘은 파란 낮이거든요. 서로 다른 시간의 땅과 하늘을 결합시켜 초현실을 나타냈습니다. 좀 더 과감한 결합으로 더욱 충격적인 효과를 주기도 합니다. 〈집단적 발명〉 속에는 해변에 한 생명체가 누워 있습니다. 하체는 사람이고 상체는 물고기인 생명체입니다. 우리가 보통 생각하는 인어는 상체가 사람, 하체가 물고기인데요, 우리의 관념에서 상·하체 순서만 바꾸었을 뿐인데 징그러운 생명체가 되었습니다. 〈붉은 모델〉은 신발 한 켤레를 그렸는데, 신발의 앞부분은 다섯 개의 발가락이 생생한 실제 발 모양입니다. 단지 그런 모양의 신발인지 사람의 발 일부와 신발이 합쳐진 것인지 모르겠지만 이러한 결합은 보는 사람에게 충격을 줍니다.

〈빛의 제국〉,
르네 마그리트,
1953-1954

공간을 바꾸기

마그리트의 작품 중에는 잘못된 장소에 놓인 사물을 그린 작품이 많습니다. 〈피레네의 성〉을 감상해 봅시다. 커다란 바위섬 위에 성이 있습니다. 그런데 이 섬은 중력을 거스른 채 하늘 위를 떠다닙니다. 이 작품에 영감을 받아 일본 애니메이션 〈하울의 움직이는 성〉과 〈천공의 성, 라퓨타〉가 만들어지기도 했습니다. 이 외에도 마그리트의 작품에는 커다란 바위가 자주 등장하는데 〈보이지 않는 세계〉 역시 누가 옮겨 놓았는지 모를

〈피레네의 성〉,
르네 마그리트, 1959

커다란 바위가 실외가 아닌 방 안에 있습니다. 〈아르곤의 전투〉에서도 구름만 한 돌이 하늘에 떠 있습니다. 마그리트는 산에서나 볼 수 있는 커다란 돌덩이를 하늘이나 방 안으로 옮겨 와 충격적인 효과를 줍니다. 누구나 봤을 법한 작품 〈골콩드〉에서는 수많은 신사가 하늘을 떠다닙니다. 아니, 비처럼 내리고 있는 것 같기도 하고, 하늘 위로 올라가고 있는 것 같기도 하네요. 길을 걷고 있어야 할 사람들을 비슷하고 규칙적으로 공중에 배치해 다양성과 개성이 존중받지 못하는 우리 사회를 비판하고 있습니다.

〈고정된 시간〉에서는 달리는 기차가 철로가 아닌 벽에서 튀어나오고, 〈여름〉에서는 구름이 열린 문틈으로 들어옵니다. 이렇듯 어디서나 흔히 볼 수 있는 대상을 전혀 예상할 수 없는 곳에 두는 것만으로도 초현실적인 작품이 될 수 있습니다.

물체의 성질을 바꾸기

우리가 알고 있는 물체의 성질을 다르게 바꾸는 것도 데페이즈망입니다. 살바도르 달리의 〈기억의 지속〉에서는 시계가 딱딱한 본래의 성질을 잃은 채 치즈처럼 녹고 있습니다. 흐물거리는 시계는 나뭇가지에 걸려 있기도 하고, 각진 모서리와 기괴한 생명체 위에 붙어 있기도 합니다. 딱딱한 성질을 잃은 시계는 정확하게 흐르지 않을 것입니다. 따라서 달리는 시계의 성질을 부드럽게 바꾸어 시간에 구애받지 않는 영원의 세계를 표현했습니다.

〈기억의 지속〉,
살바도르 달리, 1931

거울은 마주 보는 것과 똑같은 모습을 반사하는 성질을 가지고 있습니다. 그런데 마그리트의 〈금지된 재현〉 속 거울을 보고 있는 남자는 자신의 얼굴을 볼 수 없습니다.

〈금지된 재현〉,
르네 마그리트, 1937

거울은 오로지 남자의 뒤통수만 보여 줄 뿐입니다. 남자의 뒷모습을 보고 있는 우리에게 똑같이 뒷모습만을 보여 주는 거울. 마그리트의 세계에서 우리는 남자가 무슨 표정을 짓고 있는지, 어떤 감정을 느끼고 있는지 절대 알 수 없습니다.

시계의 딱딱한 성질을 치즈처럼 흘러내리게 바꾸고, 마주 보는 모습을 보여 주는 거울을 뒷모습을 보여 주도록 바꾸는 것처럼, 물체의 본질적인 특성을 정반대로 바꾸어 데페이즈망을 나타낼 수 있습니다.

② 구글 '이모지 키친'으로 새로운 이모지 만들기

구글에 이모지 두 개를 결합하여 새로운 이모지를 만드는 '이모지 키친'이라는 기능이 있습니다. 구글 검색창에 'emoji kitchen'을 검색하고 '요리하기'를 누릅니다. 여러 이모지를 조합하여 가장 이상하고 충격적인 이모지를 뽑아 보세요. 간단하지만 데페이즈망을 쉽게 이해할 수 있는 시간이 될 거예요.

이모지 키친

> **활동 27** 데페이즈망 작품 만들기

다른 대상을 결합하거나, 위치를 바꾸거나, 성질을 바꾸어 데페이즈망을 작품으로 표현해 보세요. 우선 전혀 다른 물체나 장소를 생각해 봅니다. 어떤 조합이 사람들에게 충격을 줄 수 있을까요? 아니면 새로운 재미를 줄 수 있을까요? '□+□=□' 안에 물체나 장소를 넣어 아이디어를 시각화합니다. 간단하게 시각화한 것을 작품으로 나타내는데, 데페이즈망 작품은 사실적일수록 효과적이기 때문에 아이들에게 그림으로 그리는 활동보다 사진을 인쇄하여 잘라 붙이는 활동을 안내하는 것이 좋습니다.

'데페이즈망 기법' 활동지　　　　　　데페이즈망 기법을 활용한 학생의 작품

> **활동 28** 나만의 기호와 상징으로 표현하기

이번에는 대표적인 초현실주의 화가 호안 미로를 소개하려고 합니다. 미로는 여인, 새, 별, 달 등의 기호로 그림을 그렸는데 사실적인 묘사를 하지 않고 단순화한 선과 빨강, 파랑, 초록, 노랑 등의 원색으로만 표현하여 그의 작품은 마치 어린아이가 그린 그림처럼 느껴집니다. 미로의 작품에서 여인은 단순히 남자, 여자 중 여자를 뜻하는 것이 아닙니다. 그에게 여자는 생명과 창

조 그 자체로, 넓게는 우주를 의미한다고 볼 수 있습니다. 또한 새는 하늘과 땅을 연결하고, 더 넓게는 현실과 환상을 연결하는 자유의 존재로 등장합니다. 그의 작품에는 별과 달도 자주 등장하는데 자연과 우주를 의미합니다. 미로는 자신이 꿈꾸는 세계를 단순한 기호로 표현했는데 사실적으로 묘사된 그림보다 오히려 순수함을 느끼게 하여 감동을 줍니다. 그럼 미로처럼 자신의 가치를 기호로 그려 보는 활동을 해 볼까요?

① 기호 텔레파시 게임

미로의 작품 〈여인, 새, 별〉을 보면 그가 중요하게 생각한 것들을 기호로 어떻게 표현했는지 알 수 있습니다. 먼저 가장 쉽게 알아볼 수 있는 별은 중심에서 만나는 4개의 선만으로 표현했습니다. 커다란 사람 가운데 두 원이 겹쳐 각각 다른 색으로 칠해져 있는데, 이것은 여성을 나타냅

〈여인, 새, 별〉,
호안 미로,
1966-1973

니다. 그리고 왼쪽에 그려진 동그란 점에 휘어진 선이 연결되었는데 이는 새를 나타냅니다. 미로의 다른 작품에서는 두 개의 점을 선으로 연결하기도 하는데 아마 선은 새가 날아가는 모습을 나타내는 듯합니다. 그 밖에도 사람의 머리카락을 선 3개로 그려 나타내거나 사다리를 # 모양으로 나타내는 등 직관적으로 치환하고 단순화한 자신만의 기호를 이용하여 그림을 그렸습니다.

미로의 작품을 함께 감상한 뒤 아이들과 단어를 기호로 나타내 보는 놀이를 진행합니다. 먼저 기호는 어떠한 뜻을 나타내기 위해 단순화된 약속이라는 점을 설명해 주어서 무언가를 자유롭게 묘사하는 그림과는 다르다는 것을 알려 줍니다. 그리고 사랑, 자유, 웃음, 약속 등의 단어를 제시하고 그 단어를 제한 시간 안에 기호로 나타내게 합니다. 제한 시간을 두는 이유는 최대

1. 상징 텔레파시 게임

사랑 3	자유 3	평화 2	웃음 14
하트 화살	2라운 여신상	비둘기 깃털	웃음
행복	용기	지혜	협동
스마일	주먹 불끈	(안경)	밧줄
배려	약속 10	끈기	인내
문	악수	성냥개비	도미노

'단어를 기호로 나타내기' 활동지

한 간단하게 그리게 하기 위해서입니다. 제한 시간이 끝나면 한 명을 뽑아 어떤 기호로 어떻게 나타냈는지 발표하고 똑같이 그린 사람들은 사람 수만큼 점수를 얻습니다.

② 자신의 가치를 기호로 표현하기

단어를 기호로 나타내는 연습을 끝냈다면 이제 작품을 그릴 차례입니다. 우선 미로가 생명, 자연, 자유를 각각 여인, 별, 새로 나타낸 것처럼 자신이 작품으로 표현하고 싶은 가치 세 가지를 선택합니다. 그다음 그 가치를 어떤 기호로 어떻게 표현할 것인지 아이디어 스케치를 진행합니다.

가치를 기호와 상징으로 나타낼 아이디어 스케치 작업을 마쳤다면 도화지에 그림을 그립니다. 연필로 스케치한 후에 네임펜과 매직을 이용하여 그리고 색칠합니다. 그 이유는 미로처럼 단순화된 선과 원색을 사용하면 훨씬

상징 기호를 활용한 학생의 작품

상징적인 그림을 그릴 수 있기 때문입니다.

여러 초현실주의 기법으로 알게 된 우연의 효과, 일상과 다른 관계에 두어 충격을 주는 데페이즈망 기법, 상징적인 기호로 그림을 그리는 것까지. 일련의 활동을 통해 아이들은 '초현실주의'가 현실과는 다른 무의식과 꿈의 세계를 나타낸다는 점을 알게 되었습니다. 그리고 그 과정에서 자신이 중요하게 생각하는 것들과 자신도 몰랐던 깊숙한 내면의 마음을 들여다보는 기회를 마주했을 거예요. "초현실주의자들이 전쟁이라는 끔찍한 현실에서 벗어나고 싶었던 것처럼 여러분도 현실을 벗어나 바라는 세상이 있나요?" 이 질문에 답해 보는 시간이 되었기를 바랍니다.

초현실주의 수업에서 쓰기 좋은 수업 도구

1) 그림책 『꿈의 화가, 르네 마그리트』(클라스 베르플랑케 글·그림, 주니어RHK, 2016)

뉴욕현대미술관(MoMA)에서 발간한 그림책인 『꿈의 화가, 르네 마그리트』는 마그리트의 작품에서 모티브를 얻은 삽화로 이루어져 있습니다. 잠이 들며 꿈속으로 들어가게 된 화가 마그리트가 현실과는 다른 자신의 무의식의 세계를 탐구합니다. 그 꿈에서는 구름 베개에 나뭇잎 이불을 덮고 잡니다. 또 사과 모자, 달걀 안경, 나뭇잎 나비 같은 신기한 물건들과 생명을 그려 냅니다. 초현실주의 개념을 알려 주기 전에 그림책을 함께 읽으며 자연스럽게 초현실을 느껴 보세요. 아니면 마그리트의 작품을 여러 개 함께 감상한 후 이 그림책을 읽으며 삽화에서 그의 작품을 찾아보는 것도 재미있을 거예요.

2) 그림책 『나의 프리다』(앤서니 브라운 글·그림, 웅진주니어, 2019)

한국인이 사랑하는 그림책 작가 앤서니 브라운이 멕시코 여행 중 알게 된 프리다 칼로의 이야기에서 영감을 받아 그린 그림책 『나의 프리다』입니다. 이 책에서는 소아마비를 앓았던 어린 시절의 칼로가 등장합니다. 소아마비로 인해 고통스러웠을 어린 칼로는 창문에 입김을 불고 문을 하나 그립니다. 그리고 그 문으로 나가 자유로운 세상을 만나게 됩니다. 그 세상에서 칼로는 날 수도 있고 마음껏 뛸 수도 있어요. 그리고 아주 깊숙한 곳에서 익숙한 친구를 만납니다. 칼로의 작품 〈두 명의 프리다〉에 영감을 받은 앤서니 브라운의 그림은 칼로에 대한 그의 깊은 애정을 보여 줍니다.

3) 보드게임 '딕싯'

딕싯은 84장의 카드로 이루어진 보드게임입니다. 각각의 카드는 신비롭고 몽환적인 분위기를 물씬 풍기는데요. 카드를 보며 이야기를 만들어 낼 수 있습니다. 또 카드를 볼 때 사람마다 보는 관점에 따라 다양한 이야기가 만들어져 서로 비교하는 재미를 느낄 수도 있습니다. 딕싯 카드를 감상하며 초현실주의의 작품에 대한 영감을 얻어 보세요. 또한 이야기를 지어내는 상상에 빠져 자신만의 꿈의 세계를 창조해 보세요.

10장 팝아트: 무엇이 예술일까?

● 작품 감상

〈여왕 엘리자베스 2세〉, 질 제바세, 2016

팝아트(Pop Art)는 Popular Art의 줄임말로, 말 그대로 '대중예술'이라는 뜻입니다. 이전까지 미술 사조는 새롭고 독창적인 작품들이 주류를 이루었습니다. 특히 팝아트가 생기던 때의 미국에는 자신의 감정을 끌어내서 표현하는 추상표현주의가 미술계를 이끌고 있었습니다. 하지만 팝아트는 '예술은 대중이 이해하기 힘들다'는 편견을 깨고 미국인이라면 누구나 접해 왔던 대중적인 소재를 이용하여 작품을 만들었습니다. 앞선 작품은 2016년에 팝아트 스타일로 만들어진 작품으로, 누구나 알고 있는 영국의 엘리자베스 2세 여왕 사진을 활용했습니다. 특이한 점은 여왕이 눈을 감고 있다는 점인데요. 눈을 뜨고 우리를 바라보는 것보다 어쩌면 더 위엄 있어 보이기도 하고, 국민을 향한 따뜻함이 느껴져 오히려 더 기품 있어 보이기도 합니다. 배경과 피사체에 각각 다른 색을 입힌 9개의 사진을 배열하여 고상한 여왕의 이미지를 대중적인 이미지로 재탄생시켰습니다.

팝아트의 대표적인 작가는 모두가 알다시피 앤디 워홀입니다. 워홀은 대학을 졸업한 후 뉴욕으로 와서 상업 디자이너로 일했습니다. 구두 광고나 쇼윈도 디자인으로 상도 받고 경제적인 사정도 괜찮았던 워홀은 순수 예술로 눈을 돌렸어요. 상업 디자이너에서 순수 예술가로 전향한 워홀이 이런저런 다양한 시도를 하던 중, 친구에게 누구나 알 수 있는 가장 흔한 걸 그려 보면 어떻겠냐는 말을 들었어요. 그 후 어머니의 집에서 점심을 먹던 어느 날, 워홀은 한 음식이 지난 20년 동안 가족의 식탁을 차지하고 있다는 사실을 깨달았습니다. 바로 통조림에 담긴 캠벨 수프였습니다. 워홀은 32개의 캠벨 수프 캔을 같은 크기로, 하지만 모두 다르게 그렸습니다. 그렇게 완성된 〈캠벨 수프 캔〉이 로스앤젤레스의 한 작은 갤러리에 전시됩니다. 이 전시에서 작품들은 식료품 매대에서 판매되는 통조림처럼 선반 위에 전시되었다고 합니다. 한 작품에 100달러로 책정된 이 작품은 겨우 5개가 판매되었는데요. 갤러리를 운영하던 아트 딜러인 어빙 블룸은 이 작품은 32개가 다 같이 전시되었을 때 가치가 있다고 생각하여 판매된 작품들을 다시 구매했다고 합니다. 32개가 다시 한 작품이 된 〈캠벨 수프 캔〉은 미국의 대량 생산과 대량 소비 문화를 그대로 보여 줍니다. 똑같이 복제된 깡통은 개성이 사라진 미국 문화를 비판하고, 조금씩 다른 라벨은 이 사회에서 각자의 자리를 지키고 있는 개개인을 떠올리게 합니다. 하지만 이 작품의 제일 중요한 점은, 가장 대중적인 이미지를 작가의 감정이나 의도를 드러내지 않은 채 똑같이 그려 "예술은 작가의 세계가 투영된 독창적이고 유일한 것"이라는 고정관념에 의문을 제기하고 반기를 들었다는 것입니다. 이로써 예술은 난해하고 어려운 것이 아니라 일상에 존재하는 우리와 가까운 것이 되었습니다.

워홀은 주로 '실크스크린'이라는 기법을 이용하여 작품을 만들었습니다. 실크스크린은 천에 풀이나 고무액을 바르고 잉크를 칠하면 잉크가 통과하는 부분만 찍히는 원리를 이용한 기법으로, 상업용 인쇄술이었습니다. 하지만 워홀은 이 기법을 순수미술에 도입하여 예술 작품을 마치 기계로 찍어 내듯이 대량 생산하기 시작했습니다. 또 자신의 작업실을 '더 팩토리(The factory)'라고 이름 붙이고 조수를 고용해, 말 그대로 공장처럼 작품을 찍어 냈는데요, 조수들이 생산한 작품은 하루 300점 이상이었다고 하니 그야말로 미술 작품까지 대량 생산하는 시대가 온 것입니다.

이런 작업이 과연 예술적이라고 할 수 있을까요? 유일하지 않고 대량 생산되는 작품, 고급스럽고 고상하지 않은 대중적인 소재. 팝아트는 순수한 예술이 되기 어려워 보입니다. 재미있는 사실은, 처음에 하나당 100달러에 매겨졌던 워홀의 〈캠벨 수프 캔〉을 그가 세상을 떠난 후 뉴욕현대미술관

(MoMA)에서 1,500만 달러에 구입했다는 점입니다. 돈으로 예술의 가치를 매길 수는 없겠지만, 깡통 하나로 당시 예술에 대한 고정관념을 깨고, 회화 방식을 뒤엎었으며, 세계적으로 유명한 예술가가 된 워홀의 위상을 인정할 수밖에 없습니다. 무엇보다 워홀이 높디높던 예술의 벽을 허물어 대중이 예술에 친숙하게 다가갈 수 있도록 해 주었다는 점에서 말입니다.

● **주요 구성**

1	스텐실로 찍어 내기	• 앤디 워홀이 이용한 실크스크린 기법 알아보기 • 실크스크린과 같은 공판화인 스텐실로 작품 만들기
2	파워포인트로 팝아트 작품 만들기	• 유명인을 다른 색으로 찍어 낸 앤디 워홀의 작품 감상하기 • 파워포인트를 이용하여 앤디 워홀처럼 팝아트 작품 만들기

● **활동 설명**

활동 29 스텐실로 찍어 내기

워홀은 실크스크린 기법을 이용하여 작품을 찍어 냈습니다. 실크스크린은 원하는 부분만 잉크가 통과하도록 처리한 후 잉크를 위에서 발라 찍어 내기 때문에 다른 판화와 달리 원화와 좌우가 같습니다. 이런 판화를 '공판화'라고 합니다. 아이들과 쉽게 만들 수 있는 공판화가 있습니다. 바로 '스텐실'입니다. 스텐실은 판 위에 그림을 그리고, 그대로 오려 내어 구멍을 만든 뒤, 그 위에 잉크를 발라 모양 그대로 찍어 내는 기법입니다.

① 앤디 워홀의 작품 감상하며 실크스크린 기법 알아보기

워홀은 같은 도안을 사용하여 작품을 찍어 냈지만 작품마다 잉크의 색을 바꾸어 다른 느낌을 주었습니다. 그중에서도 〈매릴린 먼로의 이면화〉는 색

만 다른 두 작품을 붙여 더욱 대조되는 느낌을 주는 작품입니다. 이 작품은 대중문화의 상징이었던 매릴린 먼로가 세상을 떠난 직후 만들어졌습니다. 왼쪽과 오른쪽 각각 매릴린 먼로의 얼굴이 25개씩 배치되어 있는데요. 왼쪽에는 매릴린 먼로의 상징인 금발과 생기 있는 피부색

〈매릴린 먼로의 이면화〉, 앤디 워홀, 1962

으로 화려하고 즐거운 그녀의 모습을 나타내는 듯합니다. 반면 오른쪽은 흑백으로만 이루어져 있어 마치 그녀의 비극적인 죽음을 떠오르게 합니다. 워홀은 다른 느낌의 두 작품을 이어 붙여 이면화로 만들었습니다. 매릴린 먼로는 대중문화의 상징으로 많은 사람의 사랑을 받고 유명세를 얻었지만, 뒤따라온 여러 상처에 결국 안타깝게 생을 마감했습니다. 워홀의 작품에서 그녀를 향한 애도와 안타까움이 느껴집니다.

실크스크린은 같은 도안으로 여러 번 찍어 내어 워홀처럼 얼마든지 작품을 대량 생산할 수 있습니다. 하지만 그의 작품을 보면 알 수 있는 것처럼 25번을 같은 잉크로 찍어도 완전히 똑같이 찍을 수는 없습니다. 잉크를 얼마나 많이 칠하는지, 어느 정도의 강도로 칠하는지, 아니면 우리가 의도하지 않은 우연한 요소로 인해 작품은 달라질 수 있습니다. 똑같아 보이지만 엄밀히 말하면 완전히 같지 않은 작품들. 이것이 바로 실크스크린이 주는 재미가 아닐까 싶습니다.

② 스텐실로 작품 찍어 내기

실크스크린과 비슷하지만 훨씬 쉽게 제작할 수 있는 공판화가 바로 스텐실입니다. 스텐실 작품을 만들기 위해서는 먼저 자신이 찍어 내고 싶은 이미지를 정해야 합니다. 하지만 찍어 낸 결과물을 다시 오려야 하기 때문에 복잡

〈꽃〉, 앤디 워홀, 1964

한 이미지보다 단순한 이미지가 좋습니다. 워홀의 〈꽃〉 연작은 단순한 네 송이의 꽃을 서로 다른 색으로 찍어 낸 작품입니다. 흔한 모양의 꽃이지만 그 작품들을 모아서 배치했을 때 마치 잔디밭에 색색의 꽃이 핀 것 같은 생명력을 느낄 수 있습니다.

이미지를 정했다면 종이 위에 도안을 그립니다. 오려 낼 것을 생각하여 선을 명확하게 그려야 합니다. 우선 원하는 이미지를 정해진 칸 안에 스케치한 뒤 필요 없는 선은 지워 나갑니다. 마지막에는 네임펜으로 따라 그려 정확하게 찍어 낼 이미지를 그립니다.

이제 찍어 낼 판을 만들어야 합니다. 종이 도안 위에 투명 OHP 필름을 올리고 이미지와 네모 칸을 네임펜으로 따라 그립니다. 네모 칸을 따라 그리는 이유는 물감으로 찍어 낼 때 원하는 칸에 정확히 맞춰 찍기 위해서입니다. 그리고 선을 오려 내는데, 위험할 수 있기 때문에 칼 대신 가위를 사용합니다. 필름의 가장자리부터 가위질해서 네임펜의 선을 따라 찍어 낼 모양대로 구멍을 냅니다. 이미지 외에 가위질한 부분은 테이프로 붙여 이어 줍니다.

작품을 찍을 도화지는 도안과 같은 크기의 여러 칸으로 구역을 나눕니다. 하얀 도화지 위에 그대로 스텐실을 찍는 것도 좋지만 배경을 미리 그리거나 색칠하고 그 위에 찍을 수 있습니다. 워홀의 〈꽃〉 연작은 마치 잔디밭을 연상시키는 배경 위에 꽃을 찍어 좋은 인상을 줍니다. 〈매릴린 먼로〉 연작 역시 작품마다 다른 배경으로 칠해 다채로운 색감을 보여 줍니다. 비슷한 색이나 대비되는 색, 혹은 차가운 색이나 뜨거운 색, 채도가 높은 색이나 낮은 색 중 어떤 색으로 칠하는지에 따라 작품의 느낌이 다를 거예요.

작품을 찍을 도화지가 움직이지 않도록 테이프로 고정하고, 도안으로 만든 투명 필름도 찍어 낼 칸에 정확히 맞춰 올린 후 테이프로 고정합니다. 판화용 잉크가 있지만 집이나 학교에서는 아크릴 물감을 이용할 수 있습니다. 물감을 팔레트에 짜서 그대로 사용할 수도 있고, 물을 약간 섞어 사용할 수도 있는데, 물을 섞는 정도에 따라 질감이 달라집니다. 찍을 때 사용하는 도구도 손쉽게 붓을 사용할 수 있고, 스펀지를 사용할 수도 있습니다. 스펀지를 사용하면 그림이 찍혀 나오는 정확도나 선명도가 떨어지지만 그만큼 뜻밖의 재미를 느낄 수 있습니다. 더 쉬운 방법을 원한다면 '에그톡 물감'을 사용할 수도 있어요. 이 물감은 달걀처럼 생겼는데, 쉽게 말하면 물풀 안에 풀 대신 물감이 들어 있는 도구입니다. 물감을 짜고 붓이나 스펀지를 사용할 필요 없이 뚜껑을 열고 바로 색을 찍어 낼 수 있습니다.

투명 필름으로 도안을 만드는 과정

도안을 오리는 과정

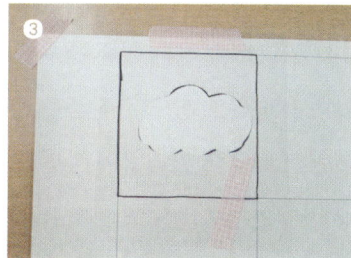

도화지 및 도안을 고정한 모습

에그톡 물감으로 찍어 내는 모습

원하는 색으로 하나 찍어 낸 후 필름을 떼어 내고, 물감이 다 마르면 옆 칸에 필름을 고정시켜 다른 색으로 다시 찍어 냅니다. 같은 방식으로 모든 칸을 찍어 내 작품을 완성해 보세요.

스텐실 기법을 활용한 학생의 작품

활동 30 파워포인트로 팝아트 작품 만들기

팝아트는 대중문화를 순수미술의 영역으로 끌고 들어와 대중이 쉽게 예술을 즐기도록 만들었습니다. 워홀은 실크스크린으로 팝아트 작품을 만들었지만, 우리가 흔히 사용하는 파워포인트 프로그램으로도 팝아트 작품을 만들 수 있습니다. 작품을 사진 파일로 저장하여 영원히 간직해 보세요.. 자신의 사진으로 팝아트 작품을 만든다면 자신이 마치 유명 인사가 된 듯한 즐거움도 느낄 수 있을 거예요.

① 사진 찍고 png 파일로 변형하기

셀프카메라로 자신의 얼굴이나 작품에 활용하고 싶은 사물을 촬영합니다. 그리고 배경을 제거한 png 파일로 저장합니다. 배경 제거는 스마트폰의 기본 기능을 이용하거나 'remove.bg'라는

png 파일 만들기

무료 배경 제거 사이트를 이용할 수 있습니다. 혹은 파워포인트로 사진을 불러와 '배경 제거' 기능을 사용할 수도 있습니다.

② 파워포인트에서 배경 만들기

파워포인트를 열고 '디자인 - 슬라이드 크기'로 들어가서 슬라이드 크기를 사용자 지정으로 설정하고 너비와 높이를 같게 하여 정사각형으로 만듭니다. 다음은 '삽입 - 표'로 들어가서 3*3, 총 9칸의 표를 만들고 배경에 꽉 차도록 설정합니다. 이제 각 칸의 배경 색을 지정해 줄 차례입니다. 우선 표를 '테두리 없음'으로 설정한 뒤, 각 칸에 커서를 두고 오른쪽 마우스를 클릭하여 음영을 모두 다른 색으로 만들어 줍니다. 색뿐 아니라 그라데이션, 질감 등 여러 효과를 활용할 수 있으니 다양하게 시

파워포인트에서 배경 설정하기

도하며 마음에 드는 배경으로 만들어 보세요.

③ 팝아트 작품 완성하기

'삽입 - 그림'으로 들어가서 아까 저장해 두었던 png 파일을 파워포인트로 불러옵니다. 크기를 조정하여 칸 하나에 가득 차도록 만듭니다. 크기를 조정한 사진을 복사, 붙여넣기 하여 각 칸에 모두 넣어 줍니다. 여기까지 하고 완성해도 멋진 작품이 되겠지만, 각각의 사진을 모두 다른 느낌으로 바꿔 보면 어떨까요? 사진을 선택한 후 서식으로 들어가면 '색', '꾸밈 효과' 등의 기능이 있습니다. 색에서는 사진을 각각 다른 색이나 채도로 바꿀 수 있습니다. 또 꾸밈 효과에서는 모자이크, 연필 스케치, 블러 처리 등 다양한 효과를 줄 수 있습니다. 여러 가지 방법을 시도해 보고 배경과 작품 전체에 어울리는 색과 효과를 적용해 작품을 완성해 보세요.

색, 꾸밈 효과 넣기

파워포인트를 활용한 학생의 팝아트 작품

④ 온라인 전시회

완성한 작품을 사진으로 저장합니다. 파워포인트에서 '파일 - 내보내기 - 파일 형식 변경 - jpeg 파일 교환 형식'을 눌러 사진 파일로 저장할 수 있습니다. 저장한 사진을 패들렛이나 학급 홈페이지에 게시하여 온라인 전시회를 열어 보세요. 워홀은 "미래에는 누구든지 15분 정도는 유명해질 수 있을 것이다."라고 말했습니다. 과거에는 미디어에 나오는 유명한 사람들만이 워홀 작품의 소재가 될 수 있었어요. 하지만 개인 플랫폼 시대인 지금은 모두가 주인공입니다. 아이들이 주인공이 된 팝아트 작품을 온라인에 게시하도록 안내해 보세요. 다른 친구의 게시물에 '좋아요'를 누르고 댓글을 달며 서로의 작품에 감상을 남기면서 유명인이 된 듯한 즐거움을 마음껏 느끼길 바랍니다.

　작품을 직접 그리는 대신 조수가 생산하도록 하고, 깡통도 작품의 소재로 만들며, 심지어 만화를 따라 그리는 것까지 예술이라고 말한 팝아트. 후대 많은 사람이 팝아트를 진정한 예술로 봐야 할지 말아야 할지 논의하도록 불을 지폈지만, 그것조차 재미있고 신선한 과정이었습니다. 그런 논의에 참여하면서 워홀의 작품에 담긴 이야기를 나누는 것만으로도 대중은 예술을 즐길 수 있게 되었으니까요. 이런 팝아트는 '예술이 예술답지 않아도 되며, 어떤 방법으로든 작가의 개념이나 의도를 전하기만 하면 된다.'는 현대미술에 힌트를 제공했습니다. 현대미술을 보다 보면 "도대체 이게 무슨 뜻이야?"라거나 "이런 게 미술관에 전시될 수 있는 거야?" 혹은 "이런 건 나도 만들 수 있겠다." 하는 생각이 들지 않나요? 누구보다 그 의도를 먼저 가지고 표현한다면 여러분도 예술가가 될 수 있습니다. "예술은 일상을 벗어날 수 있는 모든 것이다."라고 말했던 워홀처럼, 팝아트가 미술에 대한 어려움을 걷어 내는 계기가 되었으면 좋겠습니다. 일상의 모든 것에서 영감을 느끼고, 과감하게 표현하는 태도를 지녀 보세요!

팝아트 수업에서 쓰기 좋은 수업 도구

1) 그림책 『예술은 어디에나 있어요』 (제프 맥 글·그림, 우리들의행성, 2022)

구두 광고 디자이너로 일하던 때부터 예술가의 길을 걷는 앤디 워홀의 이야기를 담은 책입니다. 워홀은 일상생활에 존재하는 모든 것을 유심히 관찰하며 무엇을 그릴지 고민했어요. 거창하고 대단한 것이 아니라 깡통, 비누 상자, 꽃, 바나나 같은 것을 그렸어요. 여러분이 그리고 싶은 것은 무엇인가요? 어렵게 생각하지 마세요! 예술은 어디에나 있는 거니까요. 작품 활동을 하기 전에 함께 읽으면 아이들이 작품의 소재를 찾는 데 도움을 주는 책입니다.

2) 그림책 『로이네 집』 (수잔 골드만 루빈 글 / 로이 리히텐슈타인 그림, 톡, 2018)

로이 리히텐슈타인은 앤디 워홀과 함께 팝아트의 양대 거장으로 평가받아요. 리히텐슈타인은 만화 속의 한 장면을 골라 캔버스에 크게 확대해서 옮겨 그렸어요. 그러고는 강렬한 색으로 칠하고 '벤데이 닷'이라고 불리는 동그란 점 패턴으로 화면을 채웠습니다. 이 책은 팝아트 화가 로이 리히텐슈타인의 집을 보여 주는데, 집 안이 온통 그의 그림 같은 모습입니다. 그림책을 읽다 보면 두꺼운 검정 선과 만화 같은 표현들, 짙은 색감 등 로이 리히텐슈
타인의 화풍을 그대로 느낄 수 있습니다. 만화도 예술이 될 수 있는 재미있는 팝아트의 매력을 그림책으로 만나 보세요.

나가는 말

 1961년, 피에로 만초니는 자신의 예술 작품으로 통조림을 제작했습니다. 소변기를 전시한 마르셀 뒤샹의 〈샘〉까지 봤는데 통조림이 뭐 대수냐고요? 이 작품은 더 어마어마합니다. 통조림에는 이렇게 적혀 있었어요.

 "예술가의 똥, 정량 30g, 신선 보관됨, 생산 밀봉 일자 1961년 5월."

 만초니는 자신의 대변을 통조림에 넣고 밀봉해서 출품한 것이었어요. 총 90개의 '똥' 통조림을 만들어 일련번호를 매긴 뒤 서명까지 해서 말이에요. 여기서 끝이 아니라 이 통조림의 가격을 당시 금 30g의 가격인 37달러로 매겼다는 것 아니겠어요? 똥을 금과 똑같은 가격에 살 사람이 어디 있나 싶지만, 만초니의 작품은 전 세계로 흩어져 미술관에 전시될 뿐 아니라 가격도 만 배가 뛰어 우리나라 돈으로 약 3억 6,400만 원에 거래된다고 합니다. 이 더럽고 난해한 작품에 사람들은 왜 열광하며 큰돈을 지불하는 걸까요? '진짜 안에 대변이 들었을까?' 하는 궁금증과 더불어 대변도 예술이 될 수 있다는 생각, 예술가의 의도와 상관없이 가치가 매겨지는 예술계를 향한 비판 등 다양한 해석을 할 수 있기 때문입니다.

이처럼 현대미술은 근대까지 보편적으로 여기던 예술의 한계를 일찌감치 넘어선 지 오래입니다. 아름다움만이 정답이던 작품은, 이제 아름답지 않더라도 작가의 생각을 잘 전달할 때 예술적이라고 평가받습니다. 심지어 작품을 직접 제작하는 대신, 구상하고 설계하는 일이 예술가의 역할이 되었습니다. 그만큼 창의적인 아이디어가 중요해진 것입니다.

이 책에서 다양한 미술 사조를 소개한 가장 큰 이유는 작품을 창작하는 의도가 무수히 많다는 점을 아이들에게 알려 주기 위해서입니다. 그저 그려야 하니까 그리고, 만들어야 하니까 만드는 게 아니라, 선사 시대 미술처럼 간절한 소망을 그릴 수도 있고, 인상주의 미술처럼 빛의 변화를 관찰해 그릴 수도 있고, 초현실주의 미술처럼 존재하지 않는 것을 그릴 수도 있다는 점을요. 심지어 배설물까지도 작품이 될 수 있죠! 여러분의 학생 또는 자녀의 작품 세계를 대신 정해 주거나 한계 짓지 마세요. 다양한 작품을 함께 감상하고 창작하며 예술의 지평을 확장하고 새롭게 창조하는 무한한 여행을 하길 바랍니다.

꼬마 예술가들의 무한한 상상력을 기대하며
김민정

지금까지의 미술 수업을 돌이켜 보면 부끄러운 점이 참 많습니다. '시간 때우기'용으로 인터넷에서 내려받은 도안을 나눠 주기도 했고, 결과물에만 집착해서 아이들을 심하게 다그치기도 했거든요. 미술 수업이 아이들에게 행복하고 의미 있게 다가가지 못하고 있을 때, 기적처럼 만난 수업이 바로 '미술사 수업'이었습니다. 미술사 수업을 시작하면서 저와 아이들 모두 미술을 바라보는 시선이 완전히 달라졌습니다.

　미술사 수업에서 아이들이 가장 좋아하는 부분은 수많은 화가의 파란만장한 인생 스토리였습니다. 당대를 주름잡은 화가들의 인생을 옛날이야기처럼 따라가다 보면 화가의 화풍과 작품에 담긴 의미를 자연스럽게 이해하게 되거든요. 그저 눈으로 보는 단순한 감상 수업이 아닌, 한 인간의 삶과 사상을 온 마음으로 받아들이는 진짜 감상을 통해 아이들은 미술의 진정한 의미를 조금씩 찾게 되었습니다.

　그러다 보니 자연스럽게 표현 수업에도 변화가 찾아왔습니다. 더 특별하게, 더 개성 있게, 더 의미 있게 말이지요. 무조건 잘 그리고, 예쁘게 칠해야 한다는 기존의 수업 공식에서 벗어나, 내 마음을 담아내는 과정을 중시하게 되었습니다. 작은 것 하나에도 남다른 의미를 두었던 화가들처럼, 아이들 역시 자신의 작품을 허투루 만들지 않으려 노력했습니다. 미술은 결국 '나를 표현하는 활동'임을 깊이 깨달았기 때문일 테지요.

　이처럼 미술사 수업은 교사와 학생이 마음을 모아 미술 수업의 진정한 재미를 되찾는 즐거운 여정입니다. 이 책이 미술 수업을 고민하는 많은 이에게 친절한 길잡이이자 이정표가 되길 진심으로 바랍니다. 저와 우리 반 아이들이 그러했듯이, 여러분도 미술을 충만하고 기쁘게 즐길 수 있을 것입니다.

아이들의 마음이 살아 있는 미술 수업을 꿈꾸며

김성규

이 책에는 10가지 미술 사조의 대표 작품들을 감상하고, 이를 바탕으로 자신만의 작품을 표현하여 미적 체험을 경험하는, 일련의 '수업 레시피'가 들어 있습니다. 우리는 왜 어려운 미술 사조를 초등 미술 수업에 가져왔을까요? 선생님들은 수업을 준비할 때 '이 수업을 그저 재미있는 활동으로 끝낼 것이냐, 의미 있는 수업으로 남길 것이냐?'를 고민합니다. 저는 좋은 수업을 제공하는 데 우선순위를 두지만, 재미도 마냥 놓치고 싶지는 않습니다. 그 고민의 결과를 이 책에 담았습니다. 창의적 표현은 다양한 작품을 감상하고 모방하는 데서 시작하기 때문에 먼저 '작품 감상'으로 미술 수업의 문을 엽니다. 이야기 한 편을 전달하는 '이야기꾼'이 되어 아이들을 감상의 세계로 초대해 보세요. 깊이 있는 감상을 한 후에는 다양한 표현법을 익히고, 유명 작품을 모방하는 체험 과정이 자연스럽게 이어집니다. 이 과정이 자양분이 되어, 아이들은 자신만의 표현법으로 세상을 재창조하는 데까지 상상력을 펼칠 것입니다.

자기만의 세계를 그려 낼 아이들과 함께
조혜원

동료 선생님들과 이 책을 함께 썼지만, 저는 미술을 잘하는 사람이 아닙니다. 어릴 때 미술에 재능이 없어서 미술 시간마다 그림을 잘 그리는 친구들을 항상 부러워했습니다. 중학생 때 미술 선생님께서 내 주신 과제를 밤새워 열심히 그려 갔지만 선생님의 칭찬은커녕 작은 관심도 받지 못했습니다. 그랬던 제가 아이들에게 미술을 가르치고 책까지 쓰게 되었습니다.

 이 책은 어린 시절의 저처럼 미술에 소질이 없는 아이들도 미술을 즐겁게 접할 수 있도록 고민하며 쓴 책입니다. 그동안 미술은 이해 없이 결과물을 만드는 과정에 치중했습니다. 결과물을 만들기 전에 왜 이런 작품을 만들게 되었는지, 당시 화가들이 어떤 고민으로 이런 표현법을 사용했는지 배우지 못했습니다. 하지만 미술사를 만나면서 "아는 만큼 보인다. 보이는 만큼 사랑하게 된다."라는 말에 크게 공감했고, 지금은 누구보다 미술을 좋아하게 되었습니다.

 부디 아이들이 미술을 좀 더 이해하고 사랑하게 되기를 바랍니다. 이 책이 저처럼 미술에 소질 없는 아이들의 흥미를 북돋고, 재능 있는 아이들의 깊이를 더하면 좋겠습니다. 마지막으로 미술 지도에 어려움을 겪고 계시는 선생님과 부모님께도 작은 도움이 되기를 소망합니다.

누구나 미술을 즐길 수 있기를 바라며

한충희

부록 1: 미술사 연표

연도	미술 사조 및 주요 작가	주요 사건
1400	**르네상스**	
	레오나르도 다빈치 미켈란젤로 부오나로티	• 1420 원근법 발견 • 1445 근대 활판인쇄술 발명
1600	**바로크**	
	카라바조 렘브란트 판 레인	
1699	**로코코**	
	앙투안 바토	
1750	**신고전주의**	
	루이 다비드	• 1760-1820 제1차 산업혁명
1780	**낭만주의**	
	프란시스코 고야 외젠 들라크루아	• 1789-1799 프랑스혁명 • 1827 최초의 영구사진
1848	**사실주의**	
	장 프랑수아 밀레 귀스타브 쿠르베	

1865	**인상주의**
	에두아르 마네
	클로드 모네 · 1870-1930 제2차 산업혁명
	오귀스트 르누아르

1885	**후기 인상주의**
	폴 세잔
	폴 고갱
	빈센트 반 고흐

1890	**아르누보**
	알폰스 무하
	구스타프 클림트

1900	**야수파(야수주의)**
	앙리 마티스

1905	**표현주의**
	에드바르 뭉크
	에곤 실레

1907	**입체파(입체주의)**
	파블로 피카소 · 1910 바실리 칸딘스키가 최초의 추상화를 선보이다.
	· 1914-1918 제1차 세계대전

1915	**다다이즘**
	프란시스 피카비아
	마르셀 뒤샹 · 1919-1933 바우하우스 설립 및 폐쇄

처음 만나는 미술사 수업

1920	**초현실주의**

- 호안 미로
- 르네 마그리트
- 살바도르 달리

• 1939-1945 제2차 세계대전

1940	**추상표현주의**

- 잭슨 폴록

1950	**팝아트**

- 로이 리히텐슈타인
- 앤디 워홀

부록 2: 활동에 활용할 만한 추가 콘텐츠

보드게임으로 미술 작품 감상하기

❶ 모던아트

보드피아의 '모던아트'는 경매를 통해 자신이 가진 미술 작품 카드를 팔아 가장 많은 돈을 번 사람이 이기는 게임입니다. '모던아트'에는 근대미술 화가인 마네, 세잔, 고흐, 뭉크, 클림트 5명의 작품으로 구성된 70장의 카드 세트와 르네상스 시대 화가인 다빈치, 라파엘로, 보티첼리, 얀 반 에이크, 아르침볼도 5명의 작품으로 구성된 70장의 카드 세트가 들어 있어요. 또한 한국 화가인 신사임당, 정선, 김홍도, 신윤복, 김정희의 작품으로 구성된 시리즈도 있어 다양한 작품으로 게임을 즐길 수 있어요. 이 게임은 참가자끼리

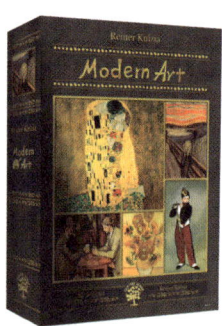

보드게임 '모던아트'

카드를 나눠 갖고 각자 가진 카드를 경매에 입찰하는데요. 이때 우리가 배웠던 화가와 작품들을 떠올리며 설명한다면 더 높은 가격에 낙찰할 수 있겠죠? 이젤과 경매봉도 들어 있어 유명한 작품들로 진짜 경매를 하는 재미를 느낄 수 있어요. 우리 아이들이 가장 많은 돈을 주고 사는 작품은 과연 어떤 화가의 것일까요? 경매를 진행하면서 작품을 설명하는 아이들을 보면 정말 경매사가 된 것만 같답니다. '모던아트'로 즐겁고 새로운 미술 작품 감상 시간을 가져 보세요.

❷ 스톨른페인팅

보약게임의 '스톨른페인팅'은 도난당한 작품을 찾는 기억력 게임입니다. '스톨른페인팅'에는 총 200장의 미술 작품 카드가 들어 있어요. 고흐, 다빈치, 모네, 마네, 르누아르, 세잔

등 서양미술사에서 중요한 화가와 작품들로 구성되어 있어요. 이 게임은 24장의 카드를 놓고 작품을 잘 기억한 다음, 그중에서 도둑이 훔친 작품 1~3장을 새로 뽑아 채운 8장의 카드 중에서 찾아야 합니다. 그런데 같은 화가의 작품이 여러 개라 얼핏 보면 같은 그림으로 착각할 수도 있답니다. 카드 속 그림을 잘 관찰하다 보면 비슷하지만 다른 작품들을 구분하고 잘 알게 되겠죠? 미술사에서 정말 중요하고 유명한 작품들로 이루어져 있어 꼭 게임이 아니더라도 해당 카

보드게임 '스톨른페인팅'

드를 활용할 수 있는 활동이 많습니다. 지금까지 배웠던 작품 중 마음에 드는 카드를 골라 나만의 작은 미술관을 만들 수도 있고, 모르는 작품이라도 끌리는 카드를 골라 서로 이야기를 나눌 수도 있습니다. 작품의 제목과 작가, 연도가 적혀 있는 카탈로그도 함께 들어 있으니 새롭게 알게 된 작품들도 찾아보시기 바랍니다.

❸ 파인더스(Findus) - 미켈란젤로, 레오나르도 다빈치, 빈센트 반 고흐 편

가가코리아의 '파인더스'의 여러 시리즈 중 미술 작품을 주제로 한 시리즈는 2종이 있습니다. 르네상스 시대의 미켈란젤로와 다빈치, 후기 인상주의 시대의 빈센트 반 고흐 시리즈입니다. 기억력 테스트 유형의 게임인데, 유명한 보드게임 '도블'과 비슷합니다. 각 카드에

보드게임 '파인더스'

8장의 작품이 들어 있습니다. 다른 카드에 들어 있는 같은 작품을 빠르게 찾은 사람이 그 카드를 가져가는데, 가장 많은 카드를 가져간 사람이 이기는 게임입니다. '도블'과는 다르게 카드 앞면에는 각 작품의 이름과 설명이 적혀 있습니다. 한 시리즈에 57장의 카드가 있으니 화가별로 얼마나 많은 정보가 들어 있는지 아시겠죠? 미켈란젤로, 다빈치, 고흐 세 화가의 작품에 대해 더 많이 알고 싶다면 추천하고 싶습니다.

아이들과 미술 작품을 감상할 수 있는 사이트

❶ 구글 '아트 앤 컬처'

구글 '아트 앤 컬처'는 구글과 제휴한 미술관에 있는 작품들을 고화질로 감상할 수 있는 사이트입니다. 현재 총 80여 국가에 있는 2,000개 이상의 미술관 및 박물관에서 소장한 작품을 이미지 데이터로 제공하고 있어요. 뉴욕현대미술관, 영국내셔널갤러리, 반고

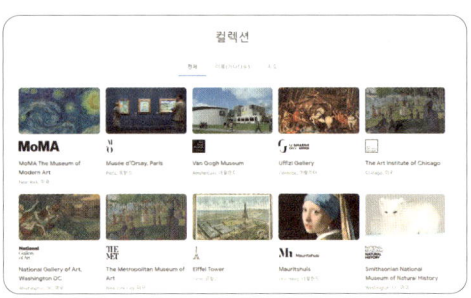

구글 '아트 앤 컬처'

흐미술관, 메트로폴리탄미술관, 테이트갤러리 등 세계적으로 유명한 미술관의 작품을 온라인으로 쉽게 감상할 수 있습니다. 소장 미술관에서 제공하는 작품에 대한 설명도 읽을 수 있는데, 특히 온라인 전시회에 들어가서 감상해 보시길 추천합니다. 스크롤을 내리면 작품의 일부분이 확대되면서 관련한 설명이 나옵니다. 얼마나 화질이 좋은지 화가의 붓터치 하나하나까지 모두 감상할 수 있어요. 내가 좋아하는 작가가 있다면 작가별로 작품을 모아 감상할 수도 있습니다. 고흐는 349점, 고갱은 409점, 미국의 화가인 휘슬러는 무려 2,860점의 작품이 올라와 있어요. 그뿐만 아니라 작품에 쓰인 재료, 작품의 역사 등으로 범주를 구분해 감상할 수 있습니다.

작품 감상 이외에도 구글 '아트 앤 컬처'로 할 수 있는 활동이 많습니다. 일단 명화를 이용한 퍼즐, 컬러링, 퀴즈 등 다양한 게임을 즐길 수 있습니다. 또한 자신의 얼굴과 비슷한 초상화 찾기, 사진을 유명한 화가의 작품처럼 만들기, AR 미술관 체험 등 스마트폰 카메라를 이용한 활동도 있습니다. 스마트폰을 사용해서 미술 작품을 쉽고 알차게 즐겨 보세요.

❷ 아트비(Artvee)

'아트비(Artvee)'는 저작권 기한이 만료되어 자유롭게 사용할 수 있는 작품들을 내려받을 수 있는 사이트입니다. 전 세계 미술관과 박물관이 소장한 작품 중 어떠한 제한도 없이 사

용할 수 있는 퍼블릭 도메인 작품이 올라와 있어요. 물론 저작권 보호 기간이 만료되지 않은 현대미술 작가들의 작품은 없지만, 반 고흐, 렘브란트, 모네, 세잔, 칸딘스키처럼 미술사적으로도 중요하고 대중적으로도 유명한 화가의 작품이 있으며 별도의 추가 비용 없이 고화질 이미지로 내려받을 수 있으니 편리하답니다. 특히 저작권을 신경 쓰지 않고 마음껏 사용할 수 있다는 것이 가장 큰 장점이에요.

'아트비(Artvee)'

❸ 바티칸미술관 홈페이지

바티칸미술관에서 운영하는 공식 홈페이지는 입장권 예약이나 바티칸미술관에서 제작한 상품을 구입하는 서비스를 제공하고 있지만, 가장 특별한 서비스는 바티칸미술관을 실제로 간 것처럼 체험할 수 있는 '버추얼 투어'입니다. 바티칸미술관 홈페이지에서 이 서비스를 이용하면 어디서나 미술관을 360도로 감상할 수 있어요. 미켈란젤로의 〈천지창조〉가 그려진 시스티나 성당 내부를 360도로 감상하며, 그 넓은 공간을 자신의 작품으로 채운 미켈란젤로의 위엄을 제대로 느낄 수 있습니다. 실제로 이 장소에 가 보면 정말 많은 관람객 때문에 제대로 감상하기가 힘든데요, 바티칸미술관 홈페이지에서 제공하는 '버추얼 투어'에는 주변 관람객 없이 오직 내부 공간만을 고화질로 감상할 수 있습니다. 아마 작품만 감상하는 것보다 훨씬 멋있게 느껴질 거예요. 〈천지창조〉 외에도 '라파엘로의 방'으로 들어가면 라파엘로가 그린 〈아테네 학당〉을 감상할 수 있습니다. 사진으로만 보던 작품들을 벽화 그대로 감상하면 사뭇 다른 느낌을 받게 됩니다. 이 외에도 14개의 공간을 버추얼 투어로 둘러볼 수 있으니, 아이들에게 한번 추천해 보세요.

바티칸미술관의 버추얼 투어

본문에 소개된 작품 목록

1장 | 선사 시대
스페인 알타미라 동굴벽화, 작자 미상, 기원전 15,000~10,000년경
프랑스 라스코 동굴벽화, 작자 미상, 기원전 17,000~15,000년경

2장 | 고대 이집트와 그리스
〈사자의 서〉, 작자 미상, 기원전 1275년경
올림피아 제우스 신전 일부 〈하늘을 이고 있는 헤라클레스〉, 작자 미상, 기원전 470년경
〈라오콘과 그의 아들들〉, 작자 미상, 기원전 175년경
〈네바문의 정원〉, 작자 미상, 기원전 1350년경
〈아르테미시온의 포세이돈(혹은 제우스)〉, 작자 미상, 기원전 460년경
〈원반 던지는 사람〉, 미론, 기원전 450년경

3장 | 르네상스
〈성 삼위일체〉, 마사초, 1426-1428
〈미델하르니스의 길〉, 마인데르트 호베마, 1689
〈최후의 만찬〉, 레오나르도 다빈치, 1495-1498
〈아테네 학당〉, 라파엘로 산치오, 1510-1511
〈파리의 거리, 비 오는 날〉, 귀스타브 카유보트, 1877
시스티나 예배당 천장화 일부 〈천지창조〉, 미켈란젤로 부오나로티, 1508-1512
〈갈라테이아의 승리〉, 라파엘로 산치오, 1511

4장 | 사실주의
〈돌 깨는 사람들〉, 귀스타브 쿠르베, 1849
〈안녕하세요, 쿠르베 씨〉, 귀스타브 쿠르베, 1854

5장 | 인상주의
〈파리의 생라자르 역〉, 클로드 모네, 1877

6장 | 후기 인상주의
〈씨 뿌리는 사람〉, 빈센트 반 고흐, 1888
〈노란 집〉, 빈센트 반 고흐, 1888
〈고흐의 방〉, 빈센트 반 고흐, 1889
〈해바라기〉, 빈센트 반 고흐, 1888
〈해바라기를 그리는 고흐〉, 폴 고갱, 1888
〈고흐의 의자〉, 빈센트 반 고흐, 1888
〈고갱의 의자〉, 빈센트 반 고흐, 1888
〈별이 빛나는 밤〉, 빈센트 반 고흐, 1889

7장 | 야수파외 입체파
〈붉은 방〉, 앙리 마티스, 1908
〈모자를 쓴 여인〉, 앙리 마티스, 1905
〈자화상〉, 렘브란트 반 레인, 1659
〈이카루스〉, 앙리 마티스, 1946
〈사과와 오렌지〉, 폴 세잔, 1899
〈에스타크의 바다〉, 폴 세잔, 1878-1879
〈기타〉, 파블로 피카소, 1914

8장 | 추상주의
〈구성 Ⅷ〉, 바실리 칸딘스키, 1923
〈교회가 있는 무르나우〉, 바실리 칸딘스키, 1910

〈푸른 산〉, 바실리 칸딘스키, 1908-1909

9장 | 초현실주의
〈꿈〉, 프리다 칼로, 1940
〈빛의 바퀴〉, 막스 에른스트, 1925
〈비 온 뒤의 유럽〉, 막스 에른스트, 1940-1942
〈투계〉, 이중섭, 1955
〈구름 위에서〉, 막스 에른스트, 1920
〈오토매틱 드로잉〉, 앙드레 마송, 1924
〈청취실〉, 르네 마그리트, 1958
〈이미지의 배반〉, 르네 마그리트, 1929
〈빛의 제국〉, 르네 마그리트, 1953-1954
〈피레네의 성〉, 르네 마그리트, 1959
〈기억의 지속〉, 살바도르 달리, 1931
〈금지된 재현〉, 르네 마그리트, 1937
〈여인, 새, 별〉, 호안 미로, 1966-1973

10장 | 팝아트
〈여왕 엘리자베스 2세〉, 쥘 제바세, 2016
〈매릴린 먼로의 이면화〉, 앤디 워홀, 1962
〈꽃〉, 앤디 워홀, 1964

처음 만나는 미술사 수업

원시미술부터 팝아트까지, 미술사를 이해하는 30가지 수업 활동

1판 1쇄 발행 2024년 1월 15일

지은이	김민정, 김성규, 조혜원, 한충희
펴낸이	한기호
책임편집	송원빈
기획	여문주
편집	서정원, 박혜리, 이선진
본부장	연용호
마케팅	하미영
경영지원	김윤아
디자인	VUE
인쇄	예림인쇄
펴낸곳	(주)학교도서관저널
	출판등록 제2009-000231호(2009년 10월 15일)
	주소 l 04029 서울시 마포구 동교로 12안길 14(서교동) 삼성빌딩 A동 3층
	전화 l 02-322-9677
	팩스 l 02-6918-0818
	전자우편 l slj9677@gmail.com
	홈페이지 l www.slj.co.kr

ISBN 978-89-6915-160-5 03600

ⓒ 김민정, 김성규, 조혜원, 한충희 2024

- 이 책은 저작권법에 따라 보호를 받는 저작물이므로 무단 전재와 무단 복제를 금합니다.
- 책값은 뒤표지에 있습니다.